ロヨラの聖イグナチオ自叙伝

聖イグナチオ・デ・ロヨラ 著
アントニオ・エバンヘリスタ
李 聖一 編

ドン・ボスコ社

もくじ

聖イグナチオとともに回心の道を歩む

イエズス会日本管区　管区長　レンゾ・デ・ルカ

聖イグナチオの「自叙伝」(Autobiografía)は不思議な書物です。というのも、「自叙伝」とはいえ、自分が書いたものではなく、聖イグナチオが口述したことを、ゴンサルベス・ダ・カマラ神父が、記憶したかぎりにおいて書きとめたものだからです。そのようなものが果たして史料としてどれほどの価値があり、現代の私たちになんの役にたつのだろうかと思われるかもしれません。

当時のイエズス会員は、「自叙伝」を口述したときのイグナチオがかなり「完成した」

人だったと思っており、今日の私たちは「聖人」とか「聖父」と呼んでいます。しかし、イグナチオ自身は自分のことを「巡礼者」(El Peregrino)と呼んでいました。このことは、私たちにあるヒントを与えてくれます。「自叙伝」を口述したときのイグナチオは、「巡礼」するというよりも、イエズス会の総長として「定住」が望まれていました。そのようなときでも、自分が「巡礼者」であること、つまり「神に向かう途上の人」であることを意識していたのです。

「巡礼」は歩くことが目的ではありません。模索しながらもはっきりした目標や理念に向かうことです。そして、その巡礼の道は、先達が歩んだ証しとして、次の者が歩むときには、より歩みやすい道になります。イグナチオはさまざまな困難を乗り越えながら、この地上にはない、霊的な目標に向かって、いつまでも「途上の人」であったという意識をこの「自叙伝」で私たちに伝えてくれていると思います。

また、「巡礼者」は道を歩んでいるとき、迷いや行き止まりを体験します。「自叙伝」はそのようなイグナチオの体験にも満ちています。巡礼者にとっていちばん大事な体験は、道を進みながらも、行き詰まったり、道を誤ったりすることもあり、ときには「引き返して」、新たな道を切り開くということです。そのことを「回心する」と言い換えてもいいかもしれません。また、歩んできた道というのは、いくら歩んでも目標に達しないことを悟る体験でもあります。「自叙伝」には、そうした体験も多く語られています。

二〇二一年はその記念すべき出来事から五百年がたちます。聖イグナチオの体験は、私たちを回心へと招くものとして受け取りたいと思います。

私たちは、今日、Covid-19のパンデミックによって、これまで世界が目指していた目標が達せなくなってしまったという体験をしています。聖イグナチオの体験に照らし合わせれば、今こそ、私たちに回心ができるときを与えられていると解釈することができます。今までの道を振り返って、ときに「引き返して」、人類にとってよりふさわしい道を見いだすために恵まれた機会だと考えることもできます。そうであるとすれば、聖イグナチオに倣って、困難こそ私たちに回心の恵みが差し伸べられているということに気づき、神さまの恵みを願いながら、その恵みにかなう姿勢をともに探していきたいものです。

二〇二一年五月二十日
聖イグナチオの回心五〇〇周年の日に

ヘロニモ・ナダル神父の序文

1　私自身とほかの神父たちは、イグナチオ神父から聞いていました。自分が死ぬ前に、三つの賜物をくださるように神にお願いしているのだということを。一つ、イエズス会が聖座によって認可されること。二つ、霊操が同じように認可されること。三つ、会憲を書き上げること、でした。

2　私はこのことを心に留め、そして、イグナチオ神父がこれらすべてを得たのを見ながら、彼が私たちから離れ、永遠のいのちに召されるのではないかと恐れていました。私はまた、教皇や修道会の創立者たちには、彼ら自身が信頼を置いたように、遺言のような形で、完徳に達する助けとなる助言のように、後の人々のために残す伝統があることも知っていました。そこで、私は、同じことをイグナチオ神父にお願いして、その機会を待っていました。

その機会は一五五一年にやってきました。私たちが一緒にいたとき、イグナチオ神父は言いました。「今や私は天よりも高い」と。――推測するに、彼はしばしばそうだったのですが、何か心の恍惚あるいは歓喜を体験しているようでした。私は、敬意をこめて、「なんですか、神父さま?」と尋ねましたが、彼は話を変えてしまいました。これはちょうどいい機会だと判断して、神はどのように回心の初めからあなたを導いたのかを語ってくださるように、そうすれば、あなたの話が私たちにとって、ある意味で遺言となり父としての教えになるのだと、懇願しました。

私は言いました、「神父さま、亡くなる前に望んでいた三つの賜物をもうすでに得られました。私たちは神父さまが天に召されるのではないかと心配しています」と。

3　イグナチオ神父は、用事があると言い訳して、そのことについてはなんの注意も時間も与えませんでした。しかし、彼は言いました。「このことについては、ポランコ、ポンセ、そしてあなた自身とで、三つのミサをささげてください。そして、祈ったあとでどう思うか、私に伝えてください」「私たちが今思っていることを確かに私たちは思っています」彼はやさしく言い加えました。「言ったとおりにするように」と。私たちはミサをささげ、そして同じように答えました。彼は、そうすることを約束しました。

次の年、スペインに派遣されるためにシチリアから再び戻ったとき、私は、神父さまに何かなさったのかと尋ねました。「何も」と彼は答えました。

一五五四年にスペインから戻ったときにも私は尋ねました。彼は何もしていませんでした。その後すぐ、私は、何かに突き動かされたわけではないのですが、固く決意して言いました。

「神父さま、もう四年にもなります。私一人ではなく、他の神父たちも、お願いしてきました。どのように主は神父さまの回心の最初から導いてこられたのか、私たちに説明するようにと。このことは、私たちにとって、そしてイエズス会にとって、最も価値あるものであると、私たちは確信しています。神父さま自身は気が進まないということを理解しながらも、確かにそうなのです。もし神父さまが、私たちがこれほどまでに望んでいることをしてくださるなら、私たちは、その賜物を最もふさわしく賢明に用いることができるのです。そうなさってくだされば〔口述してくだされば〕、それは、神父さまご自身がお書きになったのと同じくらいのものであると、主において確信しています」と。

4　イグナチオ神父は何も答えませんでした。しかし、ゴンサルベス・ダ・カマラ神父を呼び（たぶん同じ日に）、語り始め、すぐれた記憶力をもつゴンサルベス神父は、後に、これらのことを書きとめたのです。これは、Acta Patris Ignatii（イグナチオ神父の言行録）として知られています。ゴンサルベス神父は、第一回総会議の代議員として出席し、ライネス総長の補佐に選ばれました。その後、ポルトガル王セバスチャンの家庭教師、相談者となりました。教えと徳においてすぐれた神父です。ゴンサルベス神父は、部分的にスペイン語とイタリア語で書きました。できるだけ利用できるように表現しています。学識が高く信心深いアニバル・ドゥ・クゥドレ神父は、ラテン語訳を作りました。

◈ヘロニモ・ナダル

マジョルカ島出身で、イグナチオがパリ大学で勉強していたころから、彼を知っていたが、あまり近づかなかった。後、イエズス会に入会し、イエズス会最初の学校であるメッシーナ学院の院長となった。さらに、イグナチオが起草した会憲を手に、ヨーロッパにできた諸管区を歩き回って解説した。イエズス会では、イグナチオの秘書を長年勤めたポランコ神父を「イグナチオの手」と言い、ナダル神父は「イグナチオの心」といわれている。

ゴンサルベス・ダ・カマラ神父の序文

一五五三年八月四日金曜日の朝、雪の聖母の記念日の前日、公爵の家[1]として知られる庭園にイグナチオ神父がちょうどいらしたところ、私は、私自身の魂に関していくつかのことを神父に告白しました。その中でも、虚栄心について私は語りました。イグナチオ神父は、私のすべてを絶えず神に委ねるように、私自身の内に見いだせるすべてのよいものを神にささげるように努め、すべてを神からのものとして認め、神に感謝するようにと、癒しのことばとして、私に語ってくださいました。イグナチオ神父は、これらのことを、ひじょうに慰めるようなことばで語ってくださったので、私は涙を止めることができませんでした。

　こうして、イグナチオ神父は私に、自分が二年にわたってこの悪徳にどれほど悩まされたか、バルセローナから乗船してエルサレムに至るまでのことや、エルサレムに行ったことについて、また同様の事例について、あえて今まで誰にも語らなかったことについて、話をしてくれました。そして、このことについて、今自分が感じている魂の平安がどれほどのものであるかを話し続けてくださいました。
　そして、夕食に行って二、三時間後のことでした。ポランコ神父と私がイグナチオ神父と食事をしていたとき、イグナチオ神父は、ナダル神父とイエズス会のほかの者たちから何度も自分のことについて話すように頼まれたこと、そして、そのことについてはなかなか決心がつかないことを話してくださいました。
　しかし、私に話をしたあとで部屋に戻ったとき、そうすることに信心の傾きをもつようになったこと、そして、（神がそうする義務があると自分を大いに照らしてくださっているこ
とを示すような方法で、語っているようでしたが）、そうすることを十分に決心したようでした。神父はまた、これらのことを私だけに語ることも決めたのでした。

そのころ、イグナチオ神父はとても病気がちで、人生のわずか一日も約束できないような状態でした。むしろ、もし誰かが、「今から一週間か二週間に一度する」と言うなら、神父は、いつも驚いた様子で言いました。「なんだって？　あなたはそんなに長く生きられると思っているのかい」と。このとき、イグナチオ神父は、自分のことを口述するためには、三、四カ月は生きていたいと言っていました。

次の日、いつ始めたいかと私は尋ねました。イグナチオ神父は、そうする準備が整うまで、毎日そのことを自分に思い起こさせてくれ（何日間かは覚えていません）と私に言いました。しかし、日々の仕事のゆえにたびたび延期され、後に、神父は、毎日曜日に思い起こさせるようにと言ってきました。そうして、九月（何日かは覚えていません）、イグナチオ神父は私を呼び、彼の生涯全体を、若いころの逸脱した行為についても、はっきりと明瞭に、そしてすべてを詳細に、語り始めました。その後、同じ月に、三度か四度、私を呼び、話はマンレーサでの最初の日々に及びました。あたかも、異なった手で書いたものを見ているかのようでした。

イグナチオ神父の話し方のスタイルは、いつもと同じで、明瞭に語り、すべてのことが今過ぎ去ったかのように思われます。それゆえ、何かを質問する必要はありませんでした。語ることすべてを記憶しており、理解させるように語ってくださったからです。私は何か口をはさむ必要もなく、すぐに書きとめ、最初は自分の手でノートし、そしてあとで、かなり長い時間をかけて清書しました。私は、イグナチオ神父から聞いたこと以外は、どんなことばも書かないように努めました。もし何かうまく口述筆記できなかったことがあったとしても、それは、イグナチオ神父のことばから離れるためではなく、いくつかの点で私が適切に説明できなかったからです。

こうして、一五五三年の九月までに、私はこれ〔マンレーサまでのこと〕を書きました。しかし、その後、ナダル神父が一五五四年十月十八日に来たとき、イグナチオ神父は、あるときは病気のため、またあるときは種々の仕事のため、「この仕事が終わったら、思い起こさせてくれ」と私に言いながら、いつも〔口述できないことを〕弁解していました。そして仕事が終わると、私は思い起こさせるのですが、イグナチオ神父は、「他の仕事がある。それが終わったら、思い起こさせてくれ」と言うのでした。ナダル神父が来たとき、〔イグナチオ神父の〕口述が始まったことをとても喜びましたが、〔この口述が〕これ以上イエズス会にとってより大いなる益となるものはなく、これこそ真のイエズス会を創立することなのだと何度も私に言い、イグナチオ神父を急かすようにと言うのでした。

ナダル神父自身は、学院の寄付の仕事が終わって、さらに、プレスター・ジョンの件[2]が終わったあとで、イグナチオ神父に思い起こさせるようにと私に言いました。〔一五五五年〕三月七日にイグナチオ神父は話を続けてきましたが、そのころ、教皇ユリウス三世が重篤な状態になり、二十三日に亡くなられたので、新しい教皇が選出されるまで〔口述を〕延期しました。新しい教皇は選出されましたが、すぐに病に伏し、亡くなってしまわれました（それはマルチェロ二世です）。

イグナチオ神父はパウロ四世が選ばれるまで〔口述を〕遅らせました。そしてその後、高熱と多くの業務のゆえに、九月二十一日まで、絶えず延期されました。そのころは、私をスペインに派遣することが議論されていました。そのため、私は、イグナチオ神父に私との約束を果たすようにと強く迫りました。

そうして今、二十二日の朝、赤い塔[3]において、そうしています。私がミサをささげ終えたとき、私はイグナチオ神父に、時間かどうか尋ねました。神父は、赤い塔で待つようにと答えました。神父が着いたときには、私はそこにいたのですが、その場所で私は長い間待たなければなりませんでした。そして、私は玄関で待ち続けながら、私に何かを尋ねるブラザーと話しているとイグナチオ神父は現れ、赤い塔で待っていなければいけない、従順に欠けていると、私をとがめたのです。神父は一日中、何もしようとはしませんでした。

その後、私たちはイグナチオ神父に執拗に迫りました。神父は赤い塔に戻ってきて、いつもどおり、ゆっくりと口述し始めました。イグナチオ神父の表情を窺うために、私は少しずつ近づいていきましたが、「規則を守りなさい」と神父は言いました。イグナチオ神父が口述したことを忘れたときには、神父のところに行き、二回か三回でしたが神父は、同じことを繰り返し、立ち去っていかれました。そしてまた同じ塔に戻ってきて、私に語り、それを私は書きとめました〔一五五五年十月二十日〕。

しかし、すでに何度か私自身の派遣のことがあり、（私の出発の前日が、イグナチオ神父がこれらのことについて私に語った最後の日でしたので）、ローマでのことは十分に書くことができませんでした。ジェノバにはスペイン語で書いたものを持ってきておらず、ローマから口述の要約したものをもってきていたので、それはイタリア語で書きました。

一五五五年十二月にジェノバで書き終えました。

注

（1）ローマにあったフランシスコ・ボルハの家のこと。バレンシアのガンディア公で、後にイエズス会に入会し、三代総長となる。

（2）イエズス会員をエチオピアに派遣することを意味する。プレスター・ジョンは、十二世紀ごろから、中央アジアに存在するとうわさされたキリスト教王国の王。この王国については、中央アジアを訪問した者たちによって、さまざまに報告され、マルコ・ポーロも『東方見聞録』の中で言及している。大航海時代（十五世紀）になると、アフリカに存在するのではないかとうわさされ、エンリケ航海王子は積極的にその国を探し始めた。その当時、現在のエチオピアにソロモン王朝があり、ポルトガルとの間に外交関係が結ばれ、宣教師が派遣されるようになった。

イエズス会も、ポルトガルのジョアン三世の求めに応じ、カトリックへの改宗のために会員を派遣し、イグナチオはジョアン・ヌネス・バレトをカトリック総大司教として派遣することを決めた。この総大司教として、初めは、ペトロ・ファーブルを派遣するようにとの依頼があったが、彼は、派遣される前に亡くなった。イグナチオ自身も、「すべての仕事を差し置いて、自分がプレスターの国に行く」というほどに、強い関心を示していた。

（3）ジェズ教会の隣にイエズス会が所有していた建物の名前。一五五三年に購入した。現在は、ジェズ神学院になっている。

◆ゴンサルベス・ダ・カマラ

一五一九年、ポルトガルのマディラ島で生まれる。父はその地方の知事。一五三五年にパリ大学で学び、自由学芸の学位をとる。そのころ、ペトロ・ファーブルと出会う。一五四四年、ポルトガルのコインブラ学院で勉学を続けていたが、そこでファーブルに再会。翌年の四月二十七日にイエズス会に入会した。

一五四六年に司祭叙階を受け、すぐにコインブラ学院の院長に任命されたが、ほどなく、アルフォンソ・ロドリゲス管区長によって解任。その後、北アフリカに派遣され、イスラム教徒のための司牧活動に従事した。この活動のための資金を集めるためにポルトガルに帰国。このころ、ポルトガル管区は、ロドリゲス管区長が解任されるなど、管区内に混乱が生じ、その報告のためにローマに派遣された。

ローマには一五五三年五月二十三日に到着する。ローマ滞在は、一五五五年十月二十三日までだったが、この間、一五五三年八月四日にイグナチオの自叙伝口述が始まり、何度も中断、延期されながらも、ポルトガルに戻る直前の一五五五年十月二十日まで続いた。一五五六年二月十二日にポルトガルに到着したが、このとき同行した者の一人に日本人イエズス会員、鹿児島のベルナルドがいた。

一五五八年、イグナチオが死去したあと、最初の総会が開かれたが、ポルトガル管区の代表として総会に参加。ライネスが二代目総長に選出されるが、総長補佐として任命された。しかし、一五五九年七月三日、ポルトガル王妃の強い要求により、セバスチャン王子の家庭教師として派遣されることになった。

一五七三年、エヴォラ学院で引退生活をするようになり、『イグナチオの覚え書き』を執筆。一五七五年三月十五日、病が重くなり、リスボンに戻っていたが、死去。『覚え書き』は完成するまでに至らなかった。

一章

1　イグナチオの青年時代、パンプローナで重傷を負う。

2　故郷ロヨラ城に帰り、ひどい苦痛を伴う手術を受ける。

3　秘跡を受ける。聖ペトロと聖パウロの祝日の前夜、病状が快方に向かう。

4〜5　不格好な骨を切断しようと思う。回復期に、キリストと聖人の伝記を読む。

6〜12　いろいろな霊によって心に動揺を覚える。

1　彼は二十六歳[1]のときまで世俗の虚栄におぼれていた。特に、むなしい大きな名誉欲をいだき、武芸に喜びを見いだしていた。彼がある城塞にいたとき、フランス軍が攻め寄せてきたが、敵を防ぎきれないことが明らかだったので、皆、生命を失わずに済むなら降伏しようと思った。しかし、彼は他の兵士たちの意見に反対し、いろいろと理由を並べたてて指揮官を説得し、防御戦を続けるように決意させた[2]。それで、兵士たちも彼の闘志と大胆さに再び勇気を取り戻した。

敵軍の攻撃が開始されるだろうと思われていた日が近づいたとき、彼は、戦友の一人に自分の罪を告白した[3]。

かなりの間攻撃が続いた後、一発の砲弾が彼の足に当たった。片足は完全に折れ、弾丸が両足の間を突き抜けたため、他の足も重傷を負った[4]。

2　彼が倒れた後、城塞の守備隊は降伏してしまった。フランス軍は城を占領した後、負傷した彼を丁重に、親切に取り扱った。そして、パンプローナで十二日か、十五日静養してから、彼は担架に乗せられ故郷へ送り返された。故郷に着くと病状は極度に悪化していたので、各地から医師や外科医が呼ばれた。

負傷したイグナチオ像。パンプローナの戦いで砲弾が直撃し、倒れ込んだイグナチオを故郷に送り返そうとしている。

医師たちは足をもう一度脱臼させて、骨を正常な位置に戻さなければならないと診断した。最初の接骨のときに誤ったのか、あるいは送還中に正常な状態からはずれてしまったものか、とにかく骨は正常の位置にないので、このままでは治らないと言われた。それでもう一度恐ろしい手術を受けた。このときも今までの手術や、その後の手術の場合と同様に、一言も言わずこぶしを固く握りしめる以外は苦悩の表情さえ見せなかった。

3　それにもかかわらず、彼の容態は悪化するばかりだった。もはや食事をすることもできなくなり、ついには死を告げる不吉な徴候さえ現れはじめた。聖ヨハネの祝日を迎えるころには、医師たちもほとんどさじを投げてしまったので、彼は、告解（ゆるしの秘跡）をするように勧められた。それで、聖ペトロと聖パウロの祝日の前日に告解と聖体の秘跡を受けた。

医師たちは、真夜中までに快方に向かう様子がなければ、もうまったく見込みがないと言っていた。この病人は、聖ペトロに対し、日ごろから信心をいだいていたので、それが主のみ旨にかなったのであろう、深夜になると病状は快方に向かいだし、その回復ぶりはめざましく、数日後にはもはや危機を脱したと言われるまでになった。

4　折れた骨を接合してみると、ひざの下で骨が重なりあってしまい、足は短くなった。また、骨があまりとび出ているので、とても醜くなってしまった。今まで歩んできた世間の道を歩み続けようと思っている彼にとり、これは耐え難いことであった。そのとび出た骨のために、不格好になったのだと考え、外科医にそれを切断できないものかどうかと尋ねてみた。

　すると外科医たちは、できないことはないが、耐え忍ぶ苦しみは今までに経験した痛みよりもはるかにひどいだろう、というのは、もう骨は固まってしまったし、不用の骨を削るには長い時間がかかるだろうから、と答えた。そう言われても、彼は進んでその恐ろしい手術を受けようと決心した。これを聞いた兄[5]は驚いて、自分ならそんなつらい痛みを耐え忍ぶような気はしないと言った。しかし負傷者は、持ち前の忍耐力をもってその苦痛を忍びとおした。

5　こうして、盛り上がっていた肉も骨も切断され、足が短くならないように薬を塗るとか、整形器具をはめて足を伸ばすとかいろいろの治療を受けた。そのため死ぬほどの苦しみを何日も味わった。しかし、われらの主は彼の健康をだんだん回復させてくださった。ただ、足で立つことができないので、寝台に横になっているほかはなかったが、それ以外は健康な人と少しも変わりないように感じてきた。

それまでイグナチオは世俗的で空想的な、いわゆる騎士物語を非常に愛読していたが、体の調子がよくなってくると、時間つぶしにそのような本が読みたくなり家人に願った。ところが、その家には彼が以前読んでいたような本は全然なかったので、一冊のキリスト伝とスペイン語で書かれた聖人伝とが与えられた。(6)

6 彼は、この二冊の本を、たびたび読みながら、その内容にいくらか興味を覚えるようになった。読むのを止めてから読んだことを考えてみたりする場合もあったが、また、以前考えていた世俗的な事柄を考えることもあった。彼の頭に浮かんできた多くのはかない思いのうちで、二時間も三時間も無我夢中で考え続けるほど、とりわけ彼の心を奪ったものがある。それは、ある婦人に仕えることであった。何をしたらよいか。どうすればその人のいるところにいくことができるか。また、どんな気の利いた警句やことばでささやきかけようか、あるいは、その人のためにどんな武勲を立てようかなどと妄想にふけるのであった。このような想像に夢中になると、それを達成するのがどれほど不可能なことか考えてもみなかった。というのは、その婦人は月並みの貴族でも、伯爵夫人でも公爵夫人でもなく、さらに身分の高い人だったからである。(7)

7 それにもかかわらず、主は彼の読んでいた書物をとおして、彼が別の考えに移り変わるようにと助けておられた。なぜなら、われらの主キリストと聖人たちの伝記を読みながら、彼はしばしば本を置いて「聖フランシスコがしたこと、聖ドミニコがしたことを、もし、このわたくしがするとしたらどうだろう」と自問したからである。こうして自分がよいと思った数々のことを思い浮かべ、自分も難しい、偉いことだけをしようと思った。

そのようなことを考えるたびに、これを成就するのはやさしいことのように思われた。しかし、彼はただ「聖ドミニコはこういうことをした、自分もしなくては。聖フランシスコがあのようなことをした、自分もしなくては」と己に言い聞かせるにすぎなかった。その考えもかなり長く続いていたが、やがて別なことに捉われ、またもや前の世俗的な妄想へ移り変わり、その想像の中に長らくさまようのだった。そういう考えの移り変わりがだいぶ続くうちに、いつも浮かんできては心を捕らえるのは、前から実行してみたかった例の世俗的な大事業の考えであったり、ときには想像していた神への奉仕という仕事であったが、あきてくるとほかの事柄に気をまぎらせ、そんな考えを止めてしまうのであった。

8 しかし、そこにはこんな相違があった。つまり、世俗的なことは、これを考えている間は大きな楽しみを感じたが、それにあきて止めてしまうと、うら寂しい感じがして不満が襲ってきた。ところが、裸足でエルサレムに巡礼するとか、野菜のほか何も食べないとか、聖人伝で見たいろいろな苦行をしようと思ったりすると、それを考えている間、慰めを覚えるばかりでなく、考えを止めた後までも満足感や喜びが残った。けれども彼は、自分の目が開かれるまでこの相違を注意して考えてみようともしなかったのである。彼はいまさらのように、この違いに驚き、これについて反省するようになった。そして自己の体験から、ある考えは自分を憂うつにし、ある考えは自分を愉快な気分にすることを覚えた。こうして、少しずつではあったが、自分を動かす神と悪魔の二つの霊をわきまえるようになった。[8]「これが霊的なことについて思いめぐらした最初のときだった。後日、霊操をしたとき、ここから霊の識別のための光を得たのである[9]」

9　この体験からたくさんの光を得、自分の過去の生活について反省し、またそのために苦行をすることがどんなに必要であるかを、より真剣に考え始めた。そこで、聖人たちの模範に倣いたい願望がわき起こってきたが、まだこのときは、神の助けのもとで、聖人たちがしたように自分もしてみようと思う以外具体的なことは何も考えなかった。ただ、足が全快した暁に何よりもしてみたいと思ったことは、前に述べた、エルサレムへの巡礼だった。そして道中、神への愛に燃える寛大な霊魂が実行したいと望むような断食とむち打ちを自分も存分にしようと思った。

10 このような聖なる望みは、今までの考えをしだいに忘れさせてくれた。そしてそれは、次のような示現によって確固としたものとなった。

ある夜のことだが、目を覚ましていると、幼きイエスを抱いた聖母の姿がくっきりと目の前に現れた。この示現とともに、かなり長い間、言い知れぬ大きな慰めを覚えた。そして同時に、過去の生活全体、ことに肉欲に対して非常な嫌悪を覚えたので、それまで霊魂に描かれてあったすべての影像が取り除かれたように思われた。

こうして、そのとき以来、この自伝を記している一五五三年八月に至るまで、彼は肉の誘惑にわずかの承諾も決して与えたことはなかった。この効果から推して、その示現が神からのものだったと判断してよいであろう。もっとも、彼はあえてそうだと断定したのではなく、ただ上述の話を肯定しただけであるが。けれども、兄や他の家人たちまでが、彼の心のうちに内的に行われた変化を、その外的動作から感知し始めた。

11　家の人たちの思惑を少しも意に介しない彼は、読書し、よい決心を守り続けていた。また、彼らと一緒に過ごす時間をすべて神に関する談話にあてるようにし、家人の心にもよい影響を与えた。そして、読んでいる本に非常な喜びを感じ、この中からキリストと聖人の生涯の大切なところを要約し、書き抜こうと思い立ち、念入りに本を写し始めた。〔この写本は、四六判で約三百枚くらいのものになった〕

このころは少しずつ起き上がっては、家の中を歩き回れるほどまでになっていた。キリストのことばは赤いインクで、聖母のことばは青いインクで記し、紙は光沢のある、線入りのものを使い、もともと習字が上手だったので、美しい筆跡で書いた。一日のうち数時間を書くことに、一部を祈りにあてていた。当時いちばん慰めを覚えたのは、空を仰ぎ、星を見つめることであった(10)。これによって主に仕えようという気力が非常に強く自分の内に感じられるので、たびたびこれを実行し、そのつど、かなり長い時間を費やした。

こうしている間にも、エルサレム巡礼の計画についてしばしば考えたが、それを実現できるためにも、すっかり元気になりたいと望んだ。

12 エルサレムから帰ってきたら、一生苦行の生活を送るにはどうしたらよいだろうかと考えているうち、セビリアの厳律カルトゥジオ会[11]の大修道院に入る考えが浮かんできた。そこへ名も告げずに行けば、人々はきっと卑しい者として扱うだろうから、そこで徹底的な菜食生活を行ってみようと思ったのである。しかし、諸国をわたり歩きながら苦行を実行したいという望みが再び浮かんできたので、厳律カルトゥジオ会入会の熱は冷めてしまった。これは自分に対していだいている嫌悪を修道院では十分癒しきれないのではないか、と恐れたからである。ともかく、ブルゴスへ行くことになった自分の家の召し使いに厳律カルトゥジオ会[12]の規則を調べさせた。その結果は満足するに足るものであったが、今述べた理由と、やがて行おうと考えている巡礼のことで、もう頭の中がいっぱいになっていたうえに、その問題は帰ってきてから処理すべきものなので、さほど関心がなくなってしまった。

それよりも、かなり体力を取り戻したと感じたので、もうそろそろ旅立ってもよいころと思い、兄に向かって、「兄上もご存じのとおり、ナヘラ公[13]はわたくしが元気になっていることを知っておられますので、もうナバレッテ[14]に行ってもよろしいでしょう」と言った。公爵は当時そこに住んでいたのである。〔兄をはじめ、家人のある者は、彼が何か大きなことをしでかそうとしているのをうすうす感じていた〕それで兄は彼を、こちらの部屋、次にはあちらの部屋へと連れていき、つまらぬことをしないように、また、人々がどれほど彼に期待をかけているか、彼がどれほど立派なことをする才能に恵まれているかを考えて思いとどまるように、などと嘆願したりした。というのも、兄は弟の決意を翻させようとしたからである。しかし、彼はうそを言うことがひどくきらいだったので、真実から逸れることなく、兄の頼みを上手にかわして返答した。[15]

注

（1）多くの歴史家の意見によると、イグナチオはここで記憶違いをしているらしい。確かな考証によっても一四九一年に生まれたことはほぼ確実であるので、当時三十歳前後だったはずである。ロヨラという姓は、バスコのギプスコア県、アスペイチア町にあるロヨラ城で生まれたことに由来する。

（2）この城主は名をフランシスコ・デ・エレーラといい、フランス軍がパンプローナ市を占領し、城の明け渡しを迫ったとき、フランスとの談判を要請し、守備軍の中から三人を連れて会見しにいったが、この中の一人がイグナチオであった。

（3）城に適当な司祭がいなかったので信者に告白したわけだが、緊急の場合のためには、こうした非常手段を聖トマス・アクィナス（In IV Sent, XVII,9,2,sol,2）も推奨していたので、中世ではこれは普通のことであった。だがここで触れているのは、本当の告解（ゆるしの秘跡）ではない。これは、信心業にすぎず、痛悔を起こすのに役立っていただけである。つまり、告解への心からの望みをより生き生きしたものとしたこと、罪の告白を目的とするこの秘跡のいちばん難しい点を実行させたところに意義があった。

(4) 一五二一年五月二十日、聖霊降臨後の月曜にイグナチオは負傷した。右足の至るところに傷を負った。左足も傷を受けたが、骨は粉砕されなかった。

(5) マルチン・ガルシア・デ・ロヨラという兄であるが、長男ホアン・ペレス・デ・ロヨラが一四九六年にナポリで亡くなったため、ロヨラ家の後継者となった。

(6) イグナチオが回復期に読んだ本は、カルトゥジオ会のルドルフ・フォン・ザクセンが書いたもので、アンブロシオ・モンテシーノがスペイン語に訳した『キリストの生涯』と、ドミニコ会士ヤコブ・デ・ボラジーネの書いた『聖人の華』別名『黄金伝説』のスペイン語訳であった。

(7) イグナチオが回復しかかっていたころ、思いをはせていた貴婦人が誰であったかは、今日まで確認されていないが、おそらく次の三人のいずれかだろうと推測されている。ジェルメーヌ・ド・フォア——フランスのルイ十二世の姪で、カトリック王フェルナンドの二度目の妃となった。カタリーナ——皇帝カルロス五世の妹でポルトガルのジョアン三世と結婚。レオノール——カルロス五世の姉で、初めポルトガル国王マヌエルの妻となり、次いでフランスのフランソア一世の妃となる。この三人の中、ドン・カルロスの妹カタリーナであろう、という説が有力である。

(8) イグナチオ自身は、この内的体験に、『霊操』の中に書いた霊の識別の規則の出発点があったことを認めている。回心の初期に、まだ絶対的委託まで進んでいない人に対して、悪霊や善霊がどのような掛け引きをするかを明らかにした。「第一則、大罪に大罪を重ねる人に対して、敵である悪魔は悪徳と罪のうちにその人をつなぎとめ、ますます深く引き入れようとして、官能的な喜びと楽しみとを想像させ、彼らの目の前に表面的な快楽を示すのが常である。このような人に対して、善い霊は理性の判断力をもって、良心を刺し、苛責を起こさせ、悪霊とは反対の方法をとるのである」(霊操三一四)

(9) 自叙伝には欄外に十三の書き加えがある。本書では読みやすくするため、それらを本文の各々の場所に入れることにした。しかし、それが書き加えであることがわかるためにかっこでくくった。

(10) このように空や星を仰ぐ習慣は、一生を通じて続いた。今もなおローマには、イグナチオがそこから天を仰いでいた窓が見られる。一般に彼に帰せられているあの叫びがそこから発せられたのである。「空を見上げるとき、なんと地上は卑しく低いものに見えることであろう」

(11) サンタ・マリア・デ・ラス・クェーバスというカルトゥジオ会の修道院のことで、セビリアの郊外にあったが今日では存在しない。

(12) これはミラフローレス村にあるカルトゥジオ会修道院のこと。

(13) アントニオ・マンリーケ・デ・ララといい、一五一五年ナヘラの公爵になり、一五一六年から一五二一年の間、ナバラの副王であった。イグナチオはパンプローナで負傷するまでこの人の部下であった。
(14) ログローニョ市とナヘラ市の間にあり、ログローニョ市にいくぶん近い村の名。
(15) イグナチオがその生家を出発したのは、はっきりわかっていないが一五二二年二月末だったろうと推測される。

二章

13　イグナチオは、ロヨラ城を出立し、アランサスの聖母聖堂に参る。次いでナバレッテに赴き、そこで伴ってきた従僕と別れる。

14〜15　ムーア人に会い、聖母の処女性について論争する。

16　巡礼衣を買う。

17〜18　モンセラットで総告解を行い、武器を聖母の祭壇に置いてその前で一夜を明かす。マンレーサに赴く。

13

こうしてイグナチオはらばにまたがってロヨラ城をあとにした。オニャーテまで一緒に行こうとしてついて来た別の兄弟[1]に、途中、アランサスの聖母聖堂[2]で祈りながら夜を明かすということを納得させた。それは自分の旅路のうえに、新たな力を得るためであった。そこで一夜を祈り明かした後、訪問先のオニャーテの姉[3]の家でその兄弟と別れ、自分はナバレッテに行った。〔故郷を離れて以来、毎晩、むち打ちをしていた〕

そこで、公爵が自分に数ドゥカード（一ドゥカード＝約二万五千円）の負債を負っていたことを思い出したので、その支払いを求めたほうがいいだろうと思い、会計係に請求書を提出した。すると会計は、今は手持ちがないと答えた。ところが、このことが公爵の耳に入ると、公爵は、ほかの人ならいざ知らず、ロヨラに対してはたとえどんなことがあっても支払わなければいけないと言った。そのうえ、彼が先にとどろかした勇名の褒賞として、望むならば領地の一代官にさせたいとも言った。

さて、金を受け取ると、自分が今まで世話になったと思う人たちにこれを分配するよう言い残し、また、その金の一部でいたんでいる聖母像を修理して、美しく飾るように頼んだ。それから、連れて来た二人の従僕とも別れ、ただ一人らばに乗ってナバレッテを後に、モンセラットへと向かった。

14　まだ分別に欠く状態ではあったが、しかし力のかぎり主に仕えようと切望していたこの霊魂を、主がどのように取り扱ってくださったかをはっきりさせるためには、この道すがら、彼に起こった事件を記すのがよいだろう。彼は自己の罪を償うということよりも、むしろ神を喜ばせたい心から、大変な苦行をしようと決心していた。〔彼は自分の罪に対して深い嫌悪をいだき、また、神への愛に引かれて何か偉大なことをしてみたいという望みがあまりにも強かったので、自分の罪がゆるされているか否かわからないにもかかわらず、果たそうとする苦行の動機にはそれらの罪をあまり考慮していなかった〕

だから、聖人たちの行った苦行をしようと思ったとき、それと同じようなこと、いや、それ以上のことをしようと決心したが、彼の喜びはその外的なことを考え巡らすだけであり、内的なことを少しも考えていなかった。謙遜や愛徳や忍耐、またこれらの徳を調和させる賢慮がなんであり、またこれらの徳をはかることがどんなことかも知らなかった。ほかの特殊な事情をまったく考慮せず、イグナチオの意図はただ聖人たちが神への栄光のために成し遂げたように、自分も外的に偉大なわざを行うことだけであったのである。

15 ところで話は前に戻るが、途中彼は、らばに乗ったムーア人（イベリア半島に定住するようになったイスラム教徒とその子孫）に出会った。二人が話しながら行くうちに、たまたま話は聖母のことになった。そのムーア人が言うには、処女懐胎ということは認めてもよい、しかし、出生のときにも処女のままだったとは信じられないと、自然的な理由を挙げた。これに対し、巡礼者(4)はいろいろ理由を挙げて反ばくしてみたが、その意見を変えさせることはできなかった。

そうこうするうちにムーア人は道を急ぎ始め、姿が見えなくなってしまった。しかし、巡礼者はムーア人との事件を考え続けていた。そうして、次のような心の動きが生じた。つまり自分が義務を果たさなかったのではないかと思われ、不愉快な感情がわくと同時に、ムーア人が聖母についてあのような話をするのを止めさせなかったのは、自分の罪であり、自分が聖母の名誉を回復すべきだと思われ、ムーア人に対して憤りを感じだしたのである。それでなんとかしてあのムーア人を捜し出し、その語ったことの報いに彼を短刀で突き刺そうとの望みが起こった。ところが心の中でこのような望みとしばらく戦っていると、しまいには自分のなすべきこともわからなくなり、途方にくれてしまった。先に出かけたムーア人は、その道の少し先にある町へ行くところだと言ったが、その町は国道にかなり近いのに、国道はそこを通っていなかった。

16

さて、イグナチオはどうしたらよいかと迷いに迷い、どう決意すべきかはっきりわからなかったが、結局、次のようにすることにした。すなわち、道が分かれるところまで手綱をゆるめてらばの進むがままに任せ、そこに来て、もしらばが町のほうに歩きだしたなら、例のムーア人を見つけ出して短刀で突き刺してやろう。また、もし町のほうへ向かわずそのまま国道を行くようだったら、放っておこうと覚悟を決めた。そのとおりにしてみると、町がわずか三、四十歩のところにあり、しかも、町へ通ずる道のほうがずっと広くてよいのに、どうしたことか、らばはそちらへは行こうとせず、国道を進んでいった。これは、主の計らいであった。(5)

モンセラットにたどり着く前にある大きな村に着き、ここで、エルサレムに巡礼するときに着る服を買うことにした。それでまず、服地を求めた。それは袋を作るための麻で、粗く非常に肌ざわりの悪い服地だった。すぐ、この布で足まで届く長衣を作らせ、それから巡礼杖と飲み水を入れるひょうたんを買い求めて、全部らばのくらの前に縛り付けた。〔またぞうりも買ったが、片方しかはかなかった。これは別に礼法の意味ではなく、片方の足にまだ包帯が巻きつけであって具合が悪く、乗馬の旅ではあったが、毎晩足が腫れるので、その足のためにどうしてもぞうりが片方必要だと思ったからである〕

17 いつものとおり、神への愛ゆえにやり遂げようとしていた偉大な業績のことを考えながら、モンセラットへの旅を続けた。頭がガウラのアマディスやこれに類する騎士物語でいっぱいだったので、自分も同じようなことをしたらどうかという考えが起こったりした。そして、モンセラットの聖母の祭壇の前で座ることも横になることもせず、ただ、立ったりひざまずいたりして、自分の武器を前に一夜を明かそうと決心した。そこで今までの服を脱ぎ、キリストの服装と武器を身につけることに決めた。(6)

モンセラット巡礼路。「モンセラット」とは、のこぎり山の意。

あの村（それらのものを買ったところ）を出発してから、また例によって自分の立てた決心のことを考えながら道を続けた。やがてモンセラットに到着すると、まず祈り、聴罪司祭(7)の同意を得たうえで、紙に書いて総告解を行った。そのために三日を費やした。次いで聴罪司祭に相談してらばを引き取ってもらい、また軍刀と短剣を教会の聖母の祭壇のところに掛けさせてもらった(8)。この司祭が自分の決心を打ち明けた最初の人であった。というのはこのときまで、いかなる聴罪司祭にもそれを打ち明けたことはなかったからである。

モンセラット修道院。

18 一五二二年三月二十四日、聖母のお告げの祝日の前夜、できるだけ人目につかないように物乞いを探し出し、自分がそれまで着ていた衣服を全部脱ぎ与えた。それから望みの装いを身に着けて聖母の祭壇の前にひざまずき、あるときはその姿勢のままで、あるときは立って巡礼杖を手にしながら一夜を明かした。

夜が明けてすぐ、誰にも知られないように出発した。バルセローナへの道を行かずマンレーサと呼ばれる小さな町に向かった。バルセローナの道をとらなかったわけは、そこに行けば見知っている人に出会い、丁重な取り扱いを受けないともかぎらなかったからである。そしてマンレーサの慈善院に二、三日泊めてもらって、そこで、自分の本に少し書き込みをしようと思った。その本というのは彼が大切に持ち歩いてきたもので、この本から非常に慰めを受けていた。(9)

モンセラットを立ってから一レグア（約五km）ほどのところまで来たとき、一人の男が大急ぎで後を追ってきて、物乞いが彼から衣服をもらったと言っているが、それは本当かと尋ねた。確かに与えたと答えたが、その物乞いがきっと着物を盗んだと思われて、とがめられたのだと直感し、かわいそうに思い同情の涙にむせんだ。

巡礼者は、他人から尊重されるのを避けようと努めたが、マンレーサに来ていくらもたたないうちにモンセラットでの出来事から、人々があれやこれやとおおげさにうわさするのを避けることができなかった。やがて、あの人はこれこれのお金や財産を捨てたなどと、うわさはしだいに事実よりも大きくなってしまった。

注

（1）この兄弟は、ペロ・ロペス・デ・ロヨラ神父だったと思われる。

（2）オニャーテ市近くのアランサスといい、聖母マリアにささげられた聖堂。聖母マリアの聖堂の内で祈りながら明かした夜の思い出とそのときいただいた霊的恵みは、数年経て、フランシスコ・ボルハに手紙を書いたときにも、まだイグナチオの心に生き生きとしていた。「わが主なる神が、わたくしに生活を少しばかり改善させてくださったとき、その聖堂で夜を明かし、いくらかの霊的利益を受けたと覚えている」（Epist.VII,422）ライネスやリバデネイラによると、イグナチオは、ロヨラからモンセラットへの途中で貞潔の誓願を立てた。おそらく、この聖堂で聖母マリアのおん手にささげたのであろう。（Manresa,III〈1927〉156-7）

（3）イグナチオのどの姉妹だったか原文でははっきりしないが、おそらくホアン・ロペス・デ・ガリャステギと結婚したマグダレーナのことであろう。

（4）この個所から先で、イグナチオは自分に「巡礼者」という名をつけて述べるのであるが、実に、この自叙伝には、イエズス会を創立するまでイグナチオがいろいろの国々を回ったときのことがおもに叙述されているのである。

（5）イグナチオは騎士物語で頭がいっぱいであったが、回心してからは新しい世界に入ったので、社会の身分の高い婦人にでなく、キリストの母に夢中になっている。したがって、聖母の聖堂で一夜を明かし、聖母の潔白を守ろうと思ってムーア人と論争し、マリアの潔白を汚したその人を殺そうと思った。その場合何をしたらよいかと迷いながらその決意をらばに任せたことなど、そのすべてのふるまいは騎士物語から借りたことである。

（6）前に述べた騎士物語の影響であるが、マリアの潔白を守るために勇敢な冒険をしようとしたイグナチオは、この最も有名なマリアの聖堂でキリストとマリアの騎士になることを望んで、新しい武具をまとい、一夜を明かした。イグナチオ自身アマディスの騎士物語の影響が及んでいることを認めた。その物語には騎士になる式が描かれている。まず、騎士になりたい主人公は、騎士の武具をまとい、聖母の祭壇の前にひざまずき、これから成し遂げようとしている広大な偉業のために、聖母が御子のみ前におん取り次ぎをしてくださるよう祈りながら徹夜する。イグナチオは、この騎士物語で読んだその場面を細かいところまでまねたのである。

（7）ジャン・シャノンというフランス人でモンセラットに来て巡礼者たちの聴罪司祭を務めていた人。

（8）イグナチオはこのとき、修道院にらばを寄付したが、それは、その後も長年、そこで働いていた。また軍力と短剣は聖母の祭壇のところの鉄柵にかけられていたのだが、その後そこから取り去られ、行方不明となっていた。

（9）イグナチオの計画では、マンレーサにはほんの二、三日滞在する予定だったが、ついに十カ月以上も逗留してしまった。こんなにまで長引いたのは、マンレーサでの霊的感激が原因ではあったが、ペストのためバルセローナへ入ることが禁止されていたことも強力な理由であったらしい。しかし、マンレーサの滞在理由はこれらよりもっと深いところにあった。それは、神が義人イグナチオをキリストの騎士にされるよう、彼を静かなマンレーサで待っておられたことである。イグナチオは、このマンレーサの滞在時期が霊的生活の初歩であったので、自分にとってはそのときが「初代教会」のような時代であったと書き記した。聖霊に導かれ、長期にわたるこのマンレーサ滞在中に霊操を行い、それを自分の身に体験してから、書きとどめた。マンレーサで神秘生活へ導く霊の浄化の経過を完了し、多くの神秘的な恵みを受け、特に、カルドネル川の岸で高遠な示現を見た。マンレーサでもイグナチオは使徒的活動を始め、まだ生まれ出ぬイエズス会の概要を予見した。

三章

19　マンレーサでの苦行、空中に珍しい幻影が現れる。

20〜21　いろいろの霊によって内的動揺を感じ始める。

22〜25　ひどい疑悩に苦しむ。

26〜33　心の平静を回復する——神に導かれ、しばしば神の照らしや天よりの恩恵を受ける。最高の照らし。

34　重病にかかって、極端な苦行を慎む。

35〜37　バルセローナに赴き、イタリアへの旅を準備する。

19

マンレーサでは毎日、施しを請うた。[1] しかし、たとえ人が与えてくれても、肉を食べたり、ぶどう酒を飲んだりはしなかった。ただ日曜日には大斎をせず、ぶどう酒が与えられればほんの少し飲んだ。それまでは、当時のならわしに従って長く伸ばしていた美しい頭髪の手入れに非常に気を使っていたので、わざと、それにくしもあてず、刈りもせず、夜も昼も何もかぶらず伸びるに任せた。手足のつめも伸び放題にしていた。それはこのような点にも今まであまり気を配りすぎていたからであった。

慈善病院に泊まっていたときのことであるが、晴れた日など、何度も自分の近く、空中に非常に美しいものが現れることがあった。[2] それを見るときには深い慰めを覚えた。それが何であるか確認できなかったが、とにかく、見方によっては、へびのような形で、目ではないが目のように輝くたくさんのものをもっていた。それを見るたびに非常な喜びと慰めとを感じ、見れば見るほど慰めは大きくなり、いったんそれが消えてしまうと寂しく感じた。[3]

20　このときまで、彼の心はいつも同じ穏やかな落ち着いた状態にあったが、霊的な内面の事柄はあまり知らなかった。それで例の幻影の出現が続いたころ、あるいはその少し前から――たいていそれは何日も続くのだったが――彼の生涯の苦難を想像させるひどい考えが起こってきて彼を苦しませた。それは、まるで魂の内部で「おまえは残る七十年の寿命を、どうやってこのような生活に耐えていけるか」とささやきかけるかのようであった。しかし、これに対しては、悪魔のささやきに違いないと感じ、きっぱりと「あわれなやつめ、おまえはわたくしにただの一時間も生き続けることを約束できるか」と答えて、この誘惑にうちかち、平静な心に戻ることができた。[4]これが前に述べたことの後に体験した最初の誘惑だった。これが起こったのはある教会に入ったときのことであった。彼はここで、大きな慰めを感じながら毎日荘厳ミサ、晩課、終課にあずかっていたのである。ミサの間は、たいてい、主のご受難について読み、いつも落ち着いた心境であった。[5]

21　ところが、今述べた誘惑に引き続き、心の中に大きな精神的変動が起こり始めた。あるときは非常に味気ない気持ちになり、口禱のときもミサを拝聴するときも、そのほかの祈りのときも、少しも喜びが感じられなくなってしまった。またあるときには、これと正反対な心情になり、まるでマントが突然肩から取りのけられたように、悲しいすさんだ気持ちが急に消え去ってしまうこともあった。その結果、これまで経験したこともない心の移り変わりに驚き、「今始まるこのまったく新しい生き方はいったいなんだろうか」と自問し始めた。

彼がまだ霊的なことに関する知識をもっていなかったにもかかわらず、ある信心深い人たちは彼を信頼し、彼の話を聞きたがった。その理由はおそらく、彼は談話のとき非常な熱意を示し、神に奉仕しようとの決意が強かったからであろう。この人たちと、そのころときおり交わっていた。

その当時、マンレーサには、長らく神に忠実に仕えていた高齢の一婦人が住んでいた。その婦人は、カトリック王（フェルナンド）すら、たびたび相談相手として、宮廷に招いたことがあるほど、イスパニアでは聖人の聞こえが高かったのである。[6]
ある日のこと、この婦人は、キリストの新しい兵士（イグナチオのこと）と話していたが、そのとき彼に向かい、「ああ、わが主イエス・キリストが、いつの日かあなたに姿を現したまわんことを」と言った。しかし、彼は、このことばを文字どおり解釈し、「イエス・キリストがどうしてわたくしのような者に現れたもうでしょう」と、ただただびっくりするだけであった。
その当時も従来どおり、毎日曜には告解と聖体拝領を欠かしたことがなかった。

22 しかし、この間にいくども疑悩が起こって、ひどく悩まされた。[7] 前にも述べたように、モンセラットで十分な注意を払って、しかも、全部紙に書いて総告解をしたにもかかわらず、まだ告白していないことがあるような気がして落ち着かず、それが非常な苦悩の種となった。思い当たることを新たに告白してみても、やはり不安が残った。こんなふうだったので、霊的生活に経験のある人にその疑悩から解放してもらおうと思ったのだがむだであった。

しまいに、ある日、セオ（教区の主座聖堂）で説教をしていたすぐれた霊的人物である博士は、彼に告解のとき思い出すことをすべて、書きつけるように命じた。言われるままにしてみたが、告解が済んでからまたもその疑悩が生じ、しだいしだいに詮索は細かくなり、悲嘆にくれてしまった。この疑悩が自分に大きな害を及ぼしていることを知っており、また、それから逃れたほうがいいことはよく承知していたが、どうすることもできなかったのである。ときには、聴罪司祭がイエス・キリストの名において、もう過去のことはいっさい告白するなと言ってくれたなら助かるのだが、と考えることもあった。しかし、聴罪司祭のほうからそう命じてくれたらと思いはしても、それを言い出す気にはなれなかった。

23 ところが彼自身何も言わなかったのに、聴罪司祭のほうから、過去のことについてはっきりしていることでないかぎり、何も告白しないようにと命じてきた。しかし、彼にしてみればどれもこれもまったくはっきりしたことばかりのように思え、せっかくの命令もなんの役にも立たず、相変わらず苦悩が続いた。

このころは、ドミニコ会修道院の中に部屋を借りて住んでいた。彼はそこでひざまずいたまま毎日七時間続けて祈り、また、毎晩真夜中に起きだし、そのほか今までに述べたあらゆる修行を続けていた。しかし、どうやってみても、すでに数カ月彼を悩ましとおした疑悩を解消する方法は見いだせなかった。あるとき、あまりの苦しさに祈り始め、熱意をこめて大声で神に呼びかけた。「主よ、わたくしをお助けください。もはや、人間にも、ほかの被造物の内にも助けとなるものは見当たりません。助けが得られるなら、どんな苦労をもいといません。主よ、どこに助けを見いだせるかお示しください。もし、小犬の後に従って小犬から助けをもらうのが必要であれば、それもいたします」と。

24 このようなことを考えていた間、その部屋の祈りをする場所のそばにある大きな穴から身を投げてしまおうとの非常に強い誘惑がしばしば起こった。しかし、自殺が罪であることをよく知っていたので、そのつど大声で、「主よ、あなたのみ旨に反することは絶対にいたしません」と、前のことばをも一緒に繰り返しながら何度も叫んだ。[8]

そうこうするうちに、ふと、ある聖人の話を思い出した。その人は熱望していた恵みを神から得ようと思い、それを受けるまで何日も何日も絶食し続けたというのである。[9]このことをしばらく考えてみて、とうとう自分も同じことをしてみようと決心した。神が助けてくださるまで、さもなくば死が目前に迫るまで、何も食べず、何も飲むまいと心に決めた。もし、食べずにいて、死に瀕する状態になったら、そのときパンをもらって食べるつもりであった。「今、まさに死に瀕しているときに、どうしてパンを請い求めたり食べたりすることができたであろう」

25

彼がこんな決心をしたのは、ある日曜日の聖体拝領後のことであった。それからまる一週間、一片の食物も口にせずに過ごした。

この間、いつもの修行を続け、さらに聖務日課にあずかったり、ひざまずいて祈り、真夜中でも止めなかったりした。聴罪司祭には、いつも、自分のしたことを何から何まで打ち明けるのが習慣だったので、ちょうど告解日であった次の日曜日に、自分がこの一週間何も口にしなかったことを話した。すると司祭はそんな断食は止めるようにと命じた。彼はまだ余力があると思っていたが、司祭のことばに従うことにした。

その日と翌日は疑悩から解き放されたようであった。しかし、三日目の火曜日になると、またもや祈りの間に罪が思い出されてきた。あたかもロザリオが無限につまぐられていくように、過去の罪から罪へと移りゆき、それらを新たに告解しなければならないかのように思われたのである。ところがこの連想の終わりに、今送っている生活を嫌悪する情と、止めてしまいたい衝動が起こってきた。こうして主は、悪夢のようなものから、彼を目覚めさせたのである[10]。

彼は、神から授けられた教えによって、いろいろの霊を識別する経験をいくらか積んでいたので、かの霊動がどうやって起こってきたかを検討し、その結果、もう過去のことに関しては今後いっさい告解しまいときっぱり決心した。このようにしてその日以来、例の疑悩から解放された。そして、確かに主が自分を助けてくださったに違いないと思った。

26 毎日、七時間の祈りのほかは、彼を訪ねて来る人たちの霊的生活を助けることや、自分の自由な時間を全部、神に関する黙想、または読書から得たことを考えるのにあてていた。ところが、床につくころになると、必ず大きな照らしや霊的慰めが起こってきて、あまり十分でない所定の睡眠時間も大部分失われてしまった。こんなことをしばしば考え巡らしていると、神と交わるために自分はあまりにも多くの時間をあて、そのうえ、今では一日の残りの時間まで、そのためにとってしまっているのではないかと反省するようになった。それでこの照らしが善霊から来るかどうかに疑いをいだき、ついにその照らしを捨て、定めた睡眠時聞をとるほうがよいという結論に達し、そのとおり実行した。[11]

27 この間ずっと肉食をしない決心を守りとおし、これはどんなことがあっても変えないつもりであった。ところが、ある朝、起床するとすぐ目の前にまったく肉眼で見るかのように肉料理が見えた。しかし決して肉を食べたいなどと思っていたわけではなかった。そのとき同時に、これからは肉を食べようという強い意志の傾きが生じた。前に立てた決心を忘れたわけではなかったが、肉を食べるべきだとの考えには、疑念の余地がなかった。後になって、聴罪司祭にことを話すと、それは誘惑でなかったかどうか、よく考えてみたほうがいいと言われ、よく吟味してみたが、やはり少しも疑う余地がなかった。

このころ、神はちょうど小学校の先生が子どもを教えるように彼を教え導いた。彼がまだ無知であったためでもあろうし、また、よき師をもたなかったためでもあろう。あるいは、神に仕えるようにと神自ら与えた強固な意志のためでもあったろう。いずれにせよ、神がこのように取り扱われたことは確かであると、彼はその当時も今も信じている。もしこのことを疑ったなら、きっと神に対して忘恩になったであろう。神がその当時どのように彼を扱われたかは、次に述べる五つのことから、ある程度理解できるであろう。

28 ──その一、彼は、至聖三位一体に深い信心をもっていたので、毎日聖三位の各ペルソナ（位格）に祈っていた。しかし、同時に至聖三位一体に対しても祈っていたので、どうして三位一体に四つの祈りをささげているのかという心配が生じた。けれども、この考えは彼にとってたいしたことではなかったので、別段問題とはならなかった。

ある日のこと、例のドミニコ会の修道院の階段のところで聖母の聖務日課を唱えていると、霊[12]がだんだん上げられ、楽器の三つの鍵盤の形で至聖三位一体を見るような気がした。それを見ている間、押さえ難いほどたくさんの涙があふれ、すすり泣いた。

この朝、修道院から出発した列に加わっていったが、食事のときまで涙を止めることができず、食事の後も三位一体のことしか語れなかった。これを話すのに種々さまざまのたとえを使い、また大きな喜びと慰めを感じた。このことがあったので、彼は一生を通じ、至聖三位一体に祈るときにはいつも、深い慰めを感じた。

29　――その二、あるとき、大きな霊的喜びを感じながら神が宇宙を創造なさったあり様を理性の目で見た。何か白いものが見えたと思うと、そこから幾条かの光線が出て、神は光を造った。しかし、現在これらのことをどう説明してよいかわからないし、また、神がこのとき霊魂に記された霊的知識を完全に記憶してもいなかった。

――その三、マンレーサに一年くらい滞在したときのことである。彼は、神から慰めを与えられたり、また他の人々を導くことにも効果が見えてくるようになると、いろいろの行き過ぎを止めた。そして、つめを切り、髪も刈るようになった。

また、ある日、この町の例の修道院の聖堂でミサを拝聴していたときのことだが、ご聖体が奉挙された瞬間に、上から降り注いでくる白い光のようなものを内的目で見た。もう長い年月がたったことでもあるので、詳しい事情を説明することはできないが、とにかく、そのとき、はっきりとわかったことは、聖体の中にわれらの主イエス・キリストがましますということであった。

——その四、祈禱の際にしばしば長時間にわたり、キリストの人性を内的目で見たことがあった。[13] その姿は白い体のようなもので、あまり大きくもなく、また格別小さなものでもなかった。しかし、体の各部分を識別することはできなかった。

マンレーサでは、同じものをたびたび見た。もし彼が二十回、あるいは四十回そんなことがあったと言ったとしても、偽りではないだろう。その後、エルサレム滞在中や、パドア付近を旅行していたときにも、もう一度それを見た。聖母をも同じように見たが、やはり、肢体を識別することはできなかった。

彼が見たこれらのすべてのものは、そのときも、また後にも絶えず彼の信仰に確信を与えてきた。それで、「もし信仰の事柄を教えてくれる聖書がなかったとしても、自分が今まで見たことだけで、十分信仰のために生命をささげる決心ができただろう」とたびたび考えた。[14]

30 ――その五、あるとき、信心のためにマンレーサから一キロ半くらいのところにある教会に出かけていった。その教会は聖パウロ教会だと思うが、そこへの道は川に沿っている。敬けんな思いにひたりながら歩いていく途中、下のほうを流れる川に向かい、しばらく腰をおろした。こうしてそこに座っていると、理性の目が開け始めた。しかし、このときは、示現を見たのではなく、霊的なこと、信仰および学問に関する多くの問題を理解し悟った。これによって非常に明るく照らされたので、すべてが新しく感じられた。

このとき彼が理解したことはたくさんあるが、それらを詳述することはできない。ただ、理性に大いなる照らしを受けたことは確かである。したがって、六十二歳を迎える今日までの生涯を通じ、神が教えてくださったすべてと、自ら学んできたすべ

マンレーサの町を流れるカルドネル川。この少し上流で、イグナチオは神秘的な体験をした。

てを一つにまとめたとしても、このとき一度で受けた照らしには及ばないように思われた。〔あたかも別人のように、また以前もっていたのとは別の知性を得たように感じたほど、そのとき、理性は照らされたのである[15]〕

31　この状態がしばらく続いた後、近くにあった十字架の前に行ってひざまずき神に感謝をささげた。そこで、今まで何度も現れながら、なんとも正体のつかめなかった例のたくさんの目をもった美しいものがまた現れた。しかし今、十字架を前にして、それが以前ほど美しい色彩をもっていないことが明白になり、また、それは悪魔であることがはっきりと理解され、意志も、そうであると認めた。その後も長い時間しばしばそれが現れたけれども、軽蔑の念をもって、手にしていた巡礼杖で追い払った。

32 あるとき、マンレーサで病気となり、非常な高熱のため、重態に陥ったことがあった。自分の魂が今にも肉体から離れていきそうだとはっきり思った。そのとき、自分は義人であるという考えが生じ、このために、かえって非常に心苦しく思い、その考えに反対して、自分の罪を思い浮かべようとした。熱そのものより、このような考えで苦しめられたのである。しかし、これを克服しようといかに努めてもむだであった。[16] 少し熱が下がり、かろうじて生死の境を脱したとき、彼のところへ見舞いにきた婦人たちに、もし自分が再び息を引き取りそうになったら、どうか大声で、「罪人よ、おまえが神に対して犯した罪の数々を忘れぬように」と言ってもらいたいと叫ぶようにして頼んだ。

33

あるとき、また、バレンシアから海路イタリアへと赴いたが、暴風雨にあって船のかじが壊れてしまった。そこに乗り合わせていた人々も自分も、これではとても死を逃れることはできないと思った。そこで彼は良心を糾明し、死を迎える準備をしようとした。[17] そのときは、自分の罪への恐れとか、罰せられるというような不安は覚えず、ただ、われらの主なる神が恵んでくださった賜物を十分活用しなかったことを考え、非常な恥ずかしさと悲しみを感じた。

また一五五〇年、重い病気にかかり、彼自身も、また居合わせた多くの人たちも、もう最期だと思った。[18] このとき、死について考え、やがて死んでいくのだという思いで、非常に大きな喜びと霊的慰めを感じ、たくさんの涙を流した。

このような状態がほとんど常のことになったので、そのような慰めをあまり多く受けないために死について考えるのを幾たびも中止したほどである。

34 この年の冬になって、また重病にかかってしまった。有志の人たちがフェレール[19]〔のちにローマ駐在のポルトガル大使バルタサル・デ・ファリアに仕えた人〕の父の家に彼を運びそこで手厚く看護した。このころ町の多くの主だった婦人たちが彼を非常に尊敬していたため、かわるがわる徹夜で看護にあたった。やがて回復したが、非常に衰弱し、しばしば胃が痛んだ。こんな容態であったし、厳冬でもあったので、皆は、彼が着物を着、靴を履き、帽子をかぶるようにと、褐色の厚い布地の上着二枚と、同じ生地の頭巾のような帽子を与えた。

このころ、霊的な事柄について、語り合いたいとの渇望に燃える日が多く[20]、適当な相手を見つけようとしているうちに、エルサレムへ出発と決めていた日が近づいてしまった。

35 こうして、一五二三年の初め、船に乗るためにバルセローナへと向かった[21]。数人の人たちが同伴したいと願ったが、神だけを頼ることが彼のせつなる念願だったので、一人で行こうと決めた。したがって、ある人たちは、彼がイタリア語にもラテン語にも通じていないので、ぜひとも同伴者を一人連れていくように勧めた。その人たちは、勧めた連れの人について非常にほめ立て、彼と一緒に行けば、だいぶ助かるだろうと言った。それに対して彼は、「その連れがたとえ、カルドナ大公[22]の令息か兄弟であっても同行を頼みたくない。自分は信・望・愛の三つの徳を得たいと望んでいる。もし自分に同伴者があったら、空腹のときにはその人に助けてもらえると思い、倒れれば、その人が手伝って起こしてくれると思うであろう。こんなふうではその人を頼り、そのため、この人に愛着を感じる結果になるかもしれない。しかし、そういう信頼とか、愛情とか、希望とかは、ただ、神に対してだけもちたい」と答えた。もちろん、彼がこう答えたのは、真に心から、そう感じていたからである。

そのような考えから、一人で乗船するのみならず、まったくなんの用意もせずに行きたいと思った。さて、乗船の交渉をする段になって、金を持っていなかったので、船長にただで乗せてもらった。船長は、ただ一つ、彼が航海中の乾パンを持参するという条件を出した。この条件を守らないかぎり、どうしても乗船させられないと言った。

36 そこで、船中で食べるパンをつごうしようとすると、「神は見捨てたまわぬと信ずるおまえの希望や信頼は、わずかそれしきのものだったのか」などという非常な不安が起こった。それで心配のあまり大変心を痛めた。どちらにも相当な理由があるように思われ、どうしていいか見当がつかなくなって、ついに、この問題を聴罪司祭の手に委ねることにした。そこで司祭に心を打ち明け、自分がどれほど完徳と神の栄光を追求したいかを語り、そして、旅行に食糧を持っていくべきかいくまいか迷っているわけを話した。司祭は必要な物を請い求め、それを携えていってよいと判断してくれた。

彼が、ある貴婦人に食糧を請うたところ、いったいどちらへ船出なさるおつもりですかと、尋ねられた。それを言ってよいものかどうか、しばらくためらったが、結局、ただ、イタリアとローマに旅するとだけしか言わなかった。しかし、彼女はさも驚いたというそぶりで「まあ、ローマへ行くおつもりですの？　あそこへ行った人はどんなになって帰ってくるかわかりませんよ」と言った。〔ローマへ行くのは、霊的生活にとってあまり役に立たないと言いたかったのである〕

エルサレムに行くと言いたくなかった理由は、虚栄心への恐れからであった。こんな恐れが強く働いていたので、自分の故郷がどこか、どんな家柄の出かも決して語る気持ちになれなかったのである。結局彼は、乾パンを持って乗船することにした。しかし、彼が生活するため門ごとに請うてもらい受けた五、六枚の銅貨がまだ残っているのに気づき、浜辺近くのベンチに置いてきた。

37　こうしてバルセローナで二十日以上も手間取った後、やっと乗船することができた。乗船前にバルセローナで過ごした期間中も、今までの習慣どおり、信心深い人と話し合うため、町から遠く隠とんしている人たちまでも探し求めた。しかし、バルセローナでもマンレーサでも、彼の滞在中に、彼が望んでいるように助けてくれる人には出会わなかった。

ただ、前にも述べたように、キリストが彼に現れるよう神に祈ったマンレーサの老婦人だけが、霊的生活にだいぶ進んでいるようであった。こういうわけでバルセローナを出発してからは、信心深い人々を求め得る望みはまったく失われたのである。

注

（1）イグナチオの十カ月にわたるマンレーサ滞在を三つの期に分けることができる。a常に心が穏やか晴朗で統一されており、平和の中に過ごした時期。ライネスはこの時期が四カ月間であったと言っている。b疑悩と争いの時期であり、七月の半ばから十月の半ばまでにわたる時期。c十月の半ばから一五二三年の二月まで、超自然的照らしで満たされ、霊的成果を得た時期。

（2）魂の平和を味わっていた第一期中、イグナチオは、特にそれまで自分の身において犯した罪を償う目的で、肉体的苦行への望みにかられた。ライネスは、マンレーサにおけるイグナチオの苦行を記し、この点をもっと明確にしている。「それから、例の袋を着し、帽子もかぶらず、靴も履かず、パンと水を食し、毎日、わたくしの思うには一日のうちにいくども自らをむち打ち、人々から知られ、尊敬もされるであろう家名や名誉のしるしをひた隠しにし、口に祈りを唱えながら、数カ月間を非常に厳格な苦行のうちに堪忍した。この苦行は、彼の肉体に物質より得る快楽をゆるさず、さすがたくましく立派であった体格も、すっかり変わってしまった」(Fontes narrativi,78)

(3)マンレーサにいる間中、イグナチオは神秘的恩恵を豊かに受ける。この恵みは、一方ではすでに歩み始めた道へと彼を強め励まし、他方では、彼の魂を成聖の道へと照らしていくことになる。こうした神秘的恩恵に対立するのが、このへびの示現であり、その示現を見たときのイグナチオが感じた慰めである。イグナチオは長い間この幻影の意味を悟らなかったし、それが神への道より離れさせようとする悪魔のしわざであることにも気がつかなかった。自叙伝の31でこの示現が最後に現れたときに、イグナチオはその意味を悟る。この体験を生かして、彼は、のちほど霊の識別の規則の中に、次のように書く。「原因とともに霊魂を慰めるのは、善天使も悪天使もであるが、反対の目的のためである。善天使は、霊魂の益のためで、霊魂が成長し、善からよりさらなる善へと昇るためである。悪天使は、その反対のためで、有害な意図と悪意へと引き寄せるためである」(霊操三三一)

（4）マンレーサにおけるこの体験は、数年後、テレーサ・ラジャディ修道女に宛てて書かれたイグナチオの手紙に霊感を与えている。「主なる神を愛して仕えたてまつろうとする人々に対し、普通に敵が用いる手段は、まず困難や邪魔を置くことである。これが相手を傷つけようとする最初の武器となる。たとえば、他の方法で、たいした危険もなく、自らを救うこともできるのに、どうして、親せき、友人、財産からの楽しみも断念して、孤独な生活のうちに少しの安息もなく、全生涯を厳しい苦行のうちに過ごさなければならないのか？との疑いを起こさせる。すべてを捨てて、創造主であり主である方とともに苦しむ道を選んだ人には、主は慰めや喜びをお与えになるのが常なのに、そのことは隠してしまって、ただ、実際にはあり得ない、長くつらい生活をしなければならないかのように考えさせるのである」（Epist.I.109）

（5）これらの点では、イグナチオのすぐれた典礼的センスが示されている。彼はマンレーサの主聖堂で毎日、荘厳ミサと晩課、終課に出席するのが常であった。後に、マンレーサのドミニコ会修道院に住むようになったときには、その機会を利用して、夜半に唱える朝課にもあずかった。彼自身、典礼に深く参与することより得た利益を痛感し、やがて、霊操の書の中で次のように忠告することとなる。「すべての友人や知人やあらゆる世間の心づかいから遠ざかれば遠ざかるほど、一般に利益が得られるのである。そうすれば知人に妨げ

られる心配もなく、毎日ミサ聖祭や晩課に行けるわけで、住居をかえることは、すぐれた数々の霊益があるが……」（霊操二〇）

このように、彼の霊的生活の中心をミサ聖祭に置く習わしは、全生涯にわたって続いた。彼の霊的日記は、そのよい模範を示してくれる。そのうえ、イグナチオは、特別な霊性上の効果を宗教音楽のうちに感じとっていた。この問題について、カマラ師はメモリアルの中に書いている。「祈るのに非常に役立った一つのこと、それは音楽であり、聖歌であった。たとえば、晩課とかミサとか、そうした種類のものである。彼自身、わたくしに語ったことであるが、どこかの教会で聖務日課が歌われているのに運よく出会ったときには、われを忘れて喜んだ。そしてこのことは、ただ、彼の魂の益となったばかりでなく、身体の健康にも役立った」（Fontes narrativi,I,630 ss）

（6）この信心深い婦人が誰であるかは不明。

（7）ここでイグナチオが述べている霊性上の体験と、マンレーサに滞在中、イグナチオが実践していた霊操の過程との間の関係を、正確に明言することは不可能である。しかし、われわれは、その関係の存在を疑うわけにはいかない。今始まる疑悩の時期は、もっと完全な浄化に役立つこととなる。それは、単に、過去の罪の浄化ばかりでなく、彼の魂の内に、罪と罪の原因となるすべての事柄に対する深い嫌悪を植えつけるのである。霊操の書の中で、イグナチオは次のように書いた。「第一則の疑悩の第一は、まったくの誤りであるゆえに、強く嫌悪すべきものである。だが、第二則の第二の疑悩は、霊操が与えられる霊魂にとり、ある程度の期間は少なからず益となる。むしろ、そのような霊魂を大いに浄化し、清いものとし、罪のあらゆる兆しからまったく離させるのである。グレゴリウスによれば、『罪のないところに、罪を認めるのは、心の清い人である』」（霊操三四八）。過去の罪の浄化、罪と罪へ導く不秩序に対する憎悪とは、霊操の第一週に課せられる仕事である。

（8）イグナチオの実践している霊操をとおして、彼の霊魂の霊的向上がしだいに実現されていく。疑悩と、ついには絶望という大きな誘惑を体験する時期、すなわち十字架の聖ヨハネが名づけた〝暗夜〟、そして突然の変化と、それに続く偉大な照明と内的恩恵の時期とは、霊的生活における重大な転機の一つにイグナチオが遭遇していたことを示すものである。この暗夜中に起こり得る誘惑の中から、次の点について記しているのに注目しよう。「また、他の場合には、イザヤが Spiritus Vertiginis（めまいの霊）と呼ぶ悪霊が与えられることがある。それは誘惑に陥らせるためではなく、人々を試すためである。この悪霊は感覚をくらませるので、彼らを疑悩や困惑で満たしてしまう。しかも、彼らにとっては非常に複雑なこの悩みのために、もはや彼らを満足させるものはなく、判断を忠告や意見に従わせることもできない。このことは、この夜の最も重大な刺激と恐怖であり、霊的夜の現象に非常に近いものである」(暗夜一、一四、三)。そして、次のように書き加えている。「それだけの資質と、忍耐するためのいっそうの力とを備えている者には、浄化もいっそう激しく、いっそう迅速である」(ibid.)

(9) イグナチオがロヨラの城で読んだ『フロス・サンクトールム』(聖人の華)の中に出てくるのであるが、使徒聖アンドレアは六十年も罪深い生涯を送ってきたニコラスという老人のため、神のゆるしを請おうと思い、五日間の断食を行った。イグナチオも、自分の強い望みがかなえられる恵みを求めるための断食の苦行を、一生涯続ける(霊的日記四五の注釈二八を参照)。苦行はただ、恵みを求める手段であるばかりではない。すさみの状態に対してエネルギッシュに闘う魂の努力でもある。『霊操』の中で、イグナチオは次のように注意している。「荒みにおいて最初の決意を変更してはならないが、とても役立つのは、すさみそのものに対して熱心に自らを変えることである。それは、祈りや黙想でより切に願うこと、より頻繁に糾明すること、何らかのふさわしい方法で苦行を長くすることである」(霊操三一九)

(10) ここでイグナチオは、霊操書中にある霊の識別の規則の一つを適用している。というより、ここに述べる体験は、その規則の原理を形成するのに役立ったと言えよう。「考えの筋道に十分に注意しなければならない。もし初めと半ばと終わりがすべて善く、すべてが善へと向かっているならば、善天使のしるしである。だが、いだいた考えの筋道において、終わるのが何らかの悪いことか、逸れてしまうか、霊魂が以前にやろうと意図していたものよりも善くはないもので、霊魂を弱らせ、不安にし、動揺させ、以前もっていた平和、落ち着き、静けさを霊魂から取り去るならば、それは、悪霊、わたしたちの進歩と永遠の救いの敵のやり方の明白なしるしである」（霊操三三三）

（11）疑いもなく霊操の第一週に相当する魂の浄化の時期を過ぎて、いよいよイグナチオは、照らしと呼び得る時期の描写に入るわけである。この時期には神秘的恵みが豊かに与えられ、イグナチオは積極的に彼の生活の方向づけを始める。ここで二つの主要な事柄がはっきりと示されている。すなわち、彼の生活が目指す使徒的方向と、彼の聖性の深いヒューマニズム、すなわち虚偽の慰めや、健康を害するような時間外の長い祈りや、行き過ぎた苦行などにあこがれることをゆるさない、人間性に基づく聖性である。数年後、イグナチオがテレーサ・ラジャディ修道女に書いたことは、このような自らの体験から得た結論である。「観想または祈りに身を委ねている多くの人々によく起こることであるが、寝ようとするときに、知能を強く働かせるので、眠ることができず、観想したり想像したりしたことについて考えてしまう。このようなときに、敵は善い考えを浮かばせるようによく努力するが、その目的は眠気を覚まさせて、肉体を弱らせることである。これは全面的に避けねばならない。健康な体があればなんでもできる。しかし、病気の体でいったい何ができよう。丈夫な体は善をなすにも悪をなすにも大きな助けとなる。悪習と堕落した意志の持ち主にとっては悪をなす力であり、まったく主なる神に向けられ徳行へと習慣づけられている意志の持ち主にとっては多くの善をなす力となる」(Epist.I,108)

(12)三位一体の各ペルソナに対する信心ほど、イグナチオの霊性を深く特徴づけるものはない。マンレーサにとどまっていた数カ月の間に、この三位一体の奥義の観想と示現に到達させられたことを思うと、その霊的進歩の迅速さに感嘆させられる。イグナチオのこの信心については日記の序文を見られたい。三つの鍵盤の示現は、奥義の内的認識を想像力によって象徴したものにすぎない。おそらく、このシンボルが意味するところは、ピアノの三つの鍵盤が一つの和音をなすように、三つの位格が唯一の調和音をなして完全な一体性を示すことを表現したにほかならないのであろう。

(13)イグナチオの霊性のもう一つの重要な点は、キリスト中心主義である。回心の初めより、キリストの姿は力強くイグナチオを引きつけた。ここで彼が語っている人間キリストの四十回にわたる出現は、特に祈りの最中、相当長い時間続いたもので、このことは、イグナチオが霊操の第二、三、四週で、キリストを観想する、見るという表現を用いるとき、彼にとってその表現が何を意味していたかをわれわれに理解させるものである。主としてキリストのペルソナに集中されるこの神秘的恵みの時期は、当時、彼自身行っていた霊操では、特にイエスの生涯と受難の観想に向けられた。

(14) 信仰に対するこの絶対的な確信は、これらの示現がイグナチオの内にもたらした直接的体験の力がいかなるものであったかをわれわれに教えてくれる。聖テレジアも、恍惚状態について語るときに、同じような表現を用いている。「神の偉大さについて非常にはっきりした真理を霊魂の中に与えられるのだと、わたくしは理解しています。それで、信仰が神であることを示さなくても、神としてキリストを信じないではいられないのです」(霊魂の城　第七の住居Ⅳ6)

(15) イグナチオがこの文を書いたとき、もうすでに日記のほうも書かれていた。この日記は今も保存されているが、三位一体に関する偉大な知的示現が記されている。また、ときどきこれと同じような結果を霊魂の中に感じたこともあった。「ミサの間にも、この涙が大変静かに、しかもたくさん流れた。同時に至聖三位一体について多くの知識をいただき、それによって理性が照らされたのだが、おそらくいかに勉強しても、これほどの知識を得ることはあり得ないと思われた。後は、感じたり、見て理解したりしたことについて、より深く反省し、たとえ全生涯勉強し続けたとしても、このときわかった以上にわかることはできないだろうと思った」(日記五二、注釈三四参照)

このことは、カルドネルの知的示現の偉大さを意味している。ナダルやポランコ、カマラ師ら、イグナチオと最も親密に交わっていた人々が感じたところによれば、この知的示現の結果は第一に、a 当時、彼が自ら行いつつ書き記していた霊操の書、b まだ漠然とではあるが、イエズス会創立に関する最初の考えがこの示現のうちに浮かんできたこと、でる。ナダルは次のように言う。「イグナチオは、彼の知的創造力によって、未来のイエズス会の姿をその可能性のうちに見いだした」

(16) イグナチオは回心の初めから、この虚栄心の危険を感じた。これを避けるため、自分の望みや決心を隠すようにし、ロヨラを出るときには、彼の兄にさえもそのことを語ろうとはしなかった。しかし、今、同じ誘惑はさらに強くなる。後にテレーサ・ラジャディに書いているように、悪魔は長い苦行の生活への恐怖をいだかせて、ある人の回心を妨げ、さらに二番目の武器をもって「すなわち、うぬぼれとか虚栄心に目をくらませ、自分を実際よりも高く評価し、自分にも善意と聖性があると信じこませて」その回心を妨げようと努力するのである。(Epist.I,97 ss)

(17) 一五三五年。(九章の91参照)

(18) イグナチオが一五五〇年の暮れから一五五一年の初めまで苦しみ抜いた病を指す。

(19) イグナチオはたぶんアントニオ・ベネディット・フェレールとその妻のホアナとの息子を

指しているらしい。この息子はポルトガルの在ローマ代理大使バルタサル・デ・ファァリアの召し使いとなった。

(20) マンレーサにおける滞在は、イグナチオの生涯に大きな変化をもたらした。霊操、キリストの王国の観想、そして、カルドネルで受けた照らしは、イグナチオの生活に、本質的に使徒的な方向を与えた。ライネスは書いている。「彼はマンレーサで、多くの霊魂に益をもたらした。彼らは助けられ、生活を変え、苦行を行い、主キリストの深い認識と、主に関するすべての事柄に喜びを見いだすところまで到達した」(Lainez Epist. de S. Ignatio)

聖テレジアは、『霊魂の城』の第六の住居で、主との一致、注賦的愛徳の結果として、このことを指摘している。「一方、世間の真っただ中に身を置きたいと欲しました。なぜなら、ある霊魂がもっと神を賛美するようになるために、わたくしも一役買うことができるか否かを見たいと思ったからです」(第六の住居VI3)

マンレーサで、イグナチオはすでに自ら行った霊操を、他の人々も行うように指導を始めた。こうして使徒的活動を開始したイグナチオは、結果として、苦行をやや差し控えねばならなかったし、衣服や身の回りのことに関して極端と思えることは避けねばならなくなった。

(21) マンレーサを出たのは一五二三年二月十七、八日と思われる。

（22）カルドナ家はカタルーニャの最も有名な貴族に属していた。カルドナ公爵の妹はイグナチオが仕えたアントニオ・マンリーケ・デ・ララの妻であった。

四章

38〜39　ガエタで下船、ローマへの途につく。

40〜41　時の教皇アドリアノ六世の祝福を受けた後、ベネチアに向かう。

42〜43　あるイスパニア人の家で手厚いもてなしを受け、聖地への無賃乗船の交渉にも成功する。キプロスに赴く途中、船内での悪習を正す。

44〜48　エルサレムに着き、無量の感慨にひたりつつ聖地を訪れる。聖地に永住をゆるされず、やむなくヨーロッパへ引き返す。

38

バルセローナを出帆してから、暴風に吹きまくられ、船中の者は皆不安を感じたが、激しい追い風に乗ったおかげで、わずか五昼夜でガエタに到着してしまった。(1)ちょうどその地方ではペストが猛威をふるっていたが、そんなことにはかまわず上陸し、すぐローマへと向かった。船客のうち、少年の服装の娘を連れた母親と、もう一人の青年が彼の道連れになった。この人たちも同じように物乞いをしていたので彼についてきた。彼らが、ある農家の庭先に来たとき、たくさんの兵士たちが大きなかがり火を囲んでいた。彼らを見ると食物を与え、ぶどう酒を一杯出して飲むように勧めた。酔わせてやろうと考えていたようだった。やがて彼らを分けて、母と娘を上の一室に、巡礼者を青年と一緒に馬小屋で休ませた。ところが、真夜中になって、上のほうから激しい悲鳴が聞こえてきた。起き上がって何事かと確かめにいくと、母と娘が中庭に出て、誰かが自分たちに暴行を加えようとしたと泣き泣き訴えていた。そこで憤怒のあまり「もう我慢できないぞ！」などと大声で何度もどなった。その声に家にいた人たちはびっくりし、誰も危害を加えようとはしなかった。青年はもうすでにその場から消え去っていたが、三人はまだ夜中だったにもかかわらず、そこを去ることにした。

39 そこからほど遠くないある町に着いたが、町の門が閉ざされていて中へ入れなかった。そこでそばの雨漏りのする教会で三人とも夜を過ごした。朝になっても町の人々は門を開けてくれようともしなかった。

といって、町の外では施しを受けることもできないので、近くに見える城に行ってみたが、それもむだだった。ここで巡礼者は船旅の困苦と過労とから衰弱しきってしまい、もはや、一歩も歩くことができなくなり、やむを得ず、そこにとどまった。そこで、母と娘の二人はローマへと向かった。その日、町から大勢の人が出てきたが、それはこの地方の女領主が来たためとわかった。そこで、その領主のもとに進みでて、自分はただ疲労のために衰弱しているだけであるから、なんとか休養をとるため町の中に入れてほしいと願うと、快く聞き入れられた。町中施しを求めて歩くうちに、たくさんの小銭(2)が集まったので、ここで二日間ゆっくりと静養した後、再び旅立って、枝の主日にローマに着いた。

40 ローマで彼に話しかけた人々は、彼が金も持たずにエルサレムに行こうとしているのを知って、無一文では渡航するのさえほとんど不可能だと、種々の理由を挙げて巡礼行きを思いとどまらせようとした。しかし、彼は心の中で固く信ずるところがあったので、エルサレムに行くための道が必ず開けることを少しも疑わなかった。

そこで、時の教皇アドリアノ六世から祝福を受けた後、ベネチアに向かったが、それはちょうど、ご復活の大祝日(3)から八、九日目のことだった。ベネチアからエルサレムへの渡航費用として与えられた六、七ドゥカード（約十五〜十七万円）のお金を持っていた。彼は、お金を持たないと絶対に行かれないと皆が言っていたため、その心配にいささか負けて、お金を受け取ったのである。

しかし、ローマを出て二日後には、自分がそうしたのは、心に不信頼をいだいていためであったことに気づき始め、そのお金を受け取ったことが、非常に悔やまれた。そして、捨ててしまったほうがいいのではないかと思い迷った。ところが、道で出会う人がたいてい貧乏であるのを見て、ついに彼らに施してしまおうと決心した。だから、決心のとおり実行しながらベネチアに着いたときには、その夜を過ごすのに必要なわずかばかりの小銭を残すだけとなった。

41 ベネチアに行く途中、至るところにペストのため外部の者を入れないように監視所があったので、市外の家の柱廊で夜を明かした。あるときのこと、朝早く起きると一人の男がやって来るのに出会ったが、彼を一目見るなり非常に驚いて逃げ去ってしまった。やはり、彼があまりまっさおな顔をしていたからであろう。やがて、途中で会った人たちとともにキオジア(4)まで来ると、ベネチアには入れないだろうといううわさを耳にした。

そこで、皆はひとまずパドアに行って健康であるとの証明をもらうことにして、彼も一緒に出かけた。しかし彼は、皆があまり早く歩くのでそれと歩調を合わせることができなくなり、日の暮れかかるころには、ついに広い野原に置き去りにされてしまった。そのときキリスト[5]がいつも出現されると同じ姿で現れ、彼を大いに励まされた。

この慰めに力を得て、翌朝早くパドア市の門につき、道連れがおそらくやったはずの健康証明書の偽造もせず市内に入った。そのとき門番は別に何も尋ねようとしなかった。また出るときも同じだった。彼の道連れはちょうどベネチアへ入るために健康証明をとってきたが、これを見てびっくりしたようだった。彼は、そんな証明のことなどまったく気にしていなかったのである。

42 ベネチアにつくと、監視人たちは船客を一人ひとり厳重に調べたが、彼にだけは何もしなかった。ベネチアでは、物乞いをして生活し、いつもサン・マルコの広場[6]で夜を明かした。イスパニア皇帝（カルロス五世）の大使館を訪ねようとしたことは一度もなく、渡航の費用を得るために特別な心配をしたこともなかった。これは、神がきっとエルサレムへ行くために配慮してくださるという確信を心の中にもっていたからである。この確信が非常な力を与えていたので、どんな理由を挙げ、恐怖を起こさせようとしても彼は少しも疑わなかった。

ある日のこと、さるイスパニアの金持ちに出会い、何をしているのか、どこへ行こうとしているのかと尋ねられた。この人は彼の意図を知ると、自宅へ食事に招き、船の出帆の準備ができるまで、数日間滞在させた。巡礼者はマンレーサにいたころから、他人と食事をともにするときには、尋ねられたことに簡潔に応答するほか、食卓では話をしないことにしていたが、皆の話を聞き、そこから神のことについて話しだす機会をつかまえ、食事が終わるとすぐにその話をするようにした。

43 そういうわけで、この気のいいイスパニア人をはじめ、その家族も皆、非常に彼が好きになり、その家にいつまでもとどまるようしきりに勧めた。また、主人は彼をベネチアの総督のもとへ話しに連れていき、面会させてくれた。総督は巡礼者の話を聞くや、知事たちを乗せてキプロス島に向かう船に、彼も便乗させるよう命令を出した。[7]

その年には、エルサレムに赴く多くの巡礼者たちがベネチアへやって来たが、突然ロードス陥落[8]という事件のせいで、その大半が帰郷してしまった。それでも、最初に出帆する巡礼船[9]には、十三人の船客があったし、知事たちが乗っていくことになっていた船[10]には、八、九人が乗船しようと待っていた。

ところが、この船が出帆しようとしたとき巡礼者はひどい熱病に侵され数日間苦しんだ。やがて熱は下がった。しかし彼が下剤を服用した当日に船が出帆することになった。

彼の泊まった家の人たちが、医者に、エルサレム行きの船に乗ってもだいじょうぶかどうかと尋ねると、「もし旅先で骨を埋める気ならいいだろう」と答えた。それでも彼は乗船し、その日のうちに出帆した。[11] その日は激しくおう吐したが、このおかげでかえって楽になり、しだいに病気は回復し始めた。その船の中で非常に恥ずべき醜行が行われたので彼はこれを厳しく叱責した。

44 乗り合わせていたイスパニア人たちは、そんなことは放っておくようにと忠告した。船員たちが彼をどこかの島に置き去りにしようと耳打ちしていたからだった。[12]しかし、主のおぼしめしのままに間もなく無事にキプロス島の港に着いた。巡礼者たちはここで下船し、陸路そこから十レグア（五十km）ほど離れたサリナスという別の港へ行った。そこで巡礼船に乗ったのであるが、このときも、最初の船の場合と同じく神に信頼する以外食糧など何も持っていかなかった。この期間を通じて、われらの主は何度も彼に現れ、非常に慰め、励ましてくださった。[13]そして彼は、あたかも黄金のような大きな円形をしたものを見た、と思った。

それが現れたのはキプロス島を去ってからヤッファ[14]に着く間であった。いつものとおり小さならばに乗ってエルサレムへと向かい、あと三キロというところまで来たとき、貴族と思われるディエゴ・マネスというイスパニア人が、熱情をこめて巡礼者全員に向かい、わたくしたちは、間もなく聖都の見えるところへ着くので良心を糾明し、沈黙を守っていこうではありませんか、と提案した。

45 皆は、このことばに賛成し、潜心し始めた。聖都が見える少し手前まで来たとき、十字架を持った修道士たちが彼らを待ち受けていたので、皆らばからおりた。やがて、聖都を見たとき巡礼者は大きな慰めを感じた。ほかの人たちも皆例外なく、自然的とは思えない喜びを感じたと言っていた。そして、巡礼者は各聖域を訪れるごとに、いつも同じ敬けんな念を感じた[15]。

彼の固くいだいていた決心は、エルサレムに永住して、たびたび、聖なる地を歴訪することだった。この信心のほかに、多くの人々の霊魂を救うことも決心していた。この目的を達成するため、当地の修道院長宛ての紹介状を手にしていた。そしてこれを修道院長に手渡し、自分の信心のために、聖都にとどまりたい旨を告げた。しかし、人々の霊魂のために働きたいという第二の望みには触れなかった。これについては、誰にも黙っていることにしていたからである。第一の望みは、何度も人に話したことがあった。

修道院長は、彼が望みどおり当地に滞在できるかどうかは見当もつかないと答えた。実は修道院は、目下修道士たちすらとどめておけないほどの困窮状態で、修道士の中から幾人かを、巡礼者たちと一緒にヨーロッパへ送ろうとまで考えていると言った。巡礼者はこれに対し、自分は修道院から何ももらうつもりはない。ただ告解に来るたびに聞いてさえくだされればそれで十分であると答えた。すると修道院長は、そんなことだったら問題がないだろうと言った。そして、どうか今ベツレヘムに行っている管区長が戻るまで返事を待っていただきたいと告げた。〔思うにこの管区長なる人こそ聖地ではその修道会の最上長だったらしい〕

46 この約束で巡礼者は心が落ち着き、バルセローナの信心深い人たちに手紙を書く気になった。[16] 巡礼者たちが出発するという前夜、一通をしたため、次の手紙にかかっていたとき、管区長と修院長に呼ばれた。この間に管区長が帰ってきたのである。さて、管区長は親切に彼と応対し、聖地にとどまりたいという立派な望みを聞き、それについて慎重に考慮したと言った。そして、前にあったほかの例から見て、それは賢明なことではないように思う。前にも同じ希望をいだいた人が少なくなかったが、ある者は捕虜となり、あるいは殺され、しかもそれ以来、この修道会は捕虜となった者を買い戻す責任を負わされているとのことであった。このような理由から、管区長は彼が明日、他の巡礼者たちと一緒に当地を離れるように決めたと言った。

彼はこれに対して、自分の決心が非常に固く、たとえどんなに反対されても実行するつもりであると答え、管区長に不当と思われでも、罪にならないかぎりは、いかなる恐怖にかられても、決して思いとどまれない旨を丁重ではあるが、かなりはっきりとほのめかした。すると管区長は、自分たちはローマ教皇から、人々を思うままに去らせたりとどめたり、服従しない者は破門してよいという権限を委ねられている。そして彼の場合、とどまるべきではないと判断すると言った。

47 それから管区長は、破門宣告の権能を与えられているという教皇の文書を示そうとした。それに対して巡礼者は、わざわざ見せていただくまでもなく自分はあなた方を信じているし、全権を委任されている方たちがそのようなご意見であれば、従うつもりであると言った。

話が済んでから、先の宿所へと引き返した。われらの主のみ旨が聖地にとどまることにないのであるから、少なくとも出発する前にオリベト山にだけはもう一度行ってみたい、との激しい望みが起こった。オリベト山には、われらの主がそこから昇天なさった石があり、今もなお、主の足跡のしるしが見られるとのことであった。この石こそ、かねがね見たかったものであった。

そこへは、トルコ人の案内なしに行くのは非常に危険だったが、案内人も連れず、誰にも告げず、ほかの人々からそっと抜け出て、ただ一人オリベト山へと登っていった。しかし、そこの番人たちが、彼を中へ入れようとしないので、携えていた筆箱からペンナイフを取り出して与えた。慰めを十分感じながら祈ったのち、今度はベトファゲに行こうと思い立った。ところが、そこに着いてから、オリベト山の石のどちらの方向に右足があり、どちらに左足があったかをよく見ておかなかったことに気づき、再び、オリベト山へと取って返し、今度は番人たちにはさみを与えて中に入れてもらった。

48 一方、修道院では、彼が案内人も連れずに出たことを知って、修道士たちはやっきとなって彼を探し回っていた。彼がオリベト山からおりてくると、修道院に勤めている特別な帯をつけた信者に出会った。[17] その男は非常に憤慨した顔つきをして、手にしていた大きな杖で今にも打ちかかろうとする様子を示した。そして彼に近づき荒々しく腕を捕らえたので、なすがままにさせた。しかしその男は、彼の腕を握ったまま、手の力を決してゆるめようともしなかった。こうして、その信者に引っぱられて道を歩いている間、キリストが上方から常に見守っておられるのを見て、主から大きな慰めを受けた。この豊かな慰めは、修道院に着くまで絶え間なく続いた。

注

(1) イグナチオの乗った船は、一五二三年の三月二十日ごろ出帆し、同月二十五日にガエタに到着したはずである。それから四日かかって、三月二十九日、枝の主日にイグナチオはローマへ入った。

(2) 古い貨幣で価値は少ない。クワトリノと呼ばれた。

(3) この年の復活祭は四月五日である。したがって、イグナチオはこの月の十三、四日にローマからベネチアへ出発したことになる。

(4) キオジアは湖の南端、ベネチアから三十キロのところにある市である。

(5) 29、その四参照。

(6) イグナチオはサン・マルコ広場のプロクラチェ・ベッキェという家の軒先で雨露をしのいだ。サン・マルコ広場からさほど遠くないところに上院議員マルコ・アントニオ・トレビサーノの館(今日のカペーリョ館)があったが、トレビサーノ氏は古い言い伝えによると、広場に行ってイグナチオに出会い、自分の家に宿泊させるまで安心できなかったという。

(7) イグナチオのベネチアからパレスチナに至る旅に関しては、旅の同伴者だったピエール・

フスリとフィリップ・ハーケンの日記によって豊富な記録が残っている。

（8）このことについて、リバデネイラ師は次のように述べている。「一五二二年、トルコ軍はロードス島を包囲した。守備軍は何カ月も頑張ったが、ついに占領されてしまった。ベネチアからやって来たエルサレム巡礼者たちは、生命の危険や、少なくとも自由を奪われる危険を恐れて家へ引き返す者が続出した。イグナチオにも、人々は、安全に目的が達成できるよう今回の巡礼を延期したほうがよいだろうと勧めた。しかし、イグナチオは、たとえ、あの年に一隻の船しかエルサレムへ行かないとしても、主はその船で自分をエルサレムへ行かせるはずだと、非常に固く心に決していたので、希望を少しも失わなかった」（イグナチオの生涯一、一〇）

（9）これがいちばん小さな船で十三人の巡礼者が乗船したが、この中にフィリップ・ハーケンもいた。六月二十九日にベネチアを出航する。

（10）前の船よりずっと大きくネグローナという名前の船、ベネディット・ラガツォーニという人の所有、イグナチオはほかの巡礼者たちとこの船に乗った。総員八名、この中にピエール・フスリもいた、同船したスペイン人はイグナチオ、姓名不明の司祭、ディエゴ・マネス、その召し使い。キプロス島の新しい知事もこの船で行ったことは言うまでもない。

（11）ライネスによれば「間もなく出発というときになってイグナチオは病気になり、下剤を服用したままで、医者には上船すれば死ぬといわれながら、最上の医師である神に従って出帆した。そして航海中に病気は全快した。このことは巡礼者たちによい模範を与え、益となり、彼らはイグナチオを大いに尊敬した」(Lainez Epist. de S. Ignatio)

(12)一五二三年七月十四日から八月十四日まで、ベネチアからキプロス島に至るまでのイグナチオの旅行をフスリの日記から再生すると以下のようになる。出帆の第一夜から風がなく、十六日の午後まで航海を続けるのを待たなければならなかった。十七日金曜日の正午に、再び風が止み、出発した港から一二〇マイルのところでいかりをおろした。十八日土曜日には少し先へ進むことができた。しかし、すぐにまた三日間、風のない日が続いたので巡礼者たちは上陸した。二十一日には逆風が吹いて五十マイルほどあともどりしてしまった。二十三日航海を続行。三十一日金曜日まではアプーリアに到着できなかった。その後は追い風に恵まれて、八月の初めにはクレタ島の南海岸が見えた。八月九日、日曜日、飲料水が不足してきたのと、またなぎになることを恐れて、船長は全船客を集め、状態を説明し、六ドゥカードの寄付をして聖母に順風を願うよう勧めた。十日、月曜日、追い風が吹き始め、十一日には遠くのほうにロードス島が見え、ついに七月の十四日、一行はキプロスに着いた。

(13)マンレーサやパドアの道でなさったと同じように、主は、このつらい旅行中にも大きな慰めを与えてイグナチオを助けておられた。霊的生活の初期にあって、努力する力を与えてくれるこの慰めについて、イグナチオは、テレーサ・ラジャディに書いている。「内的慰めは心配をすべて取り除くもので、主への強い愛をひきおこす……この慰めがあれば、どんな苦労も快楽となり、非常な疲れも休息となる。この熱意と慰めをもって歩む者には、重荷も軽く、苦行や労苦も甘味なものである」(Epist.I,100)

(14)フスリとハーケンの日記から、この旅行についてもう少し詳しく知ることができる。すなわち、八月の十九日、午後、キプロス島を出発、風は最初逆風で、のちにはなぎとなった。二十二日、土曜、ヤッファが見えた。パイロット（水先案内）の誤りで船を南に向けたため、ガザまで行ってしまった。二十三日、航路を訂正したが、逆風なのでゆっくりとしか進めなかった。ヤッファからわずか九マイルの距離をまる一日かかってやっと到着した。二十四日、ついに目指す聖都を目前にして、巡礼者たちは喜びにあふれ、立ってテ・デウムとサルベ・レジナを歌った。

(15)同行者たちの報告によると、イグナチオの日程は次のようであった。九月五日、土曜日、朝から聖地訪問を始める。まず行列に加わって最後の晩さんの家と主がむち打たれたときの柱があるところへ行った。次に、近くにある聖母の墓の聖堂へ行く。午後からは、やはり行列をして、キリストの墓の聖堂へ行った。一人につき七ドゥカードを払う。皆バジリカに入ってしまうと入口の扉が閉ざされ、トルコの番兵が外を見張っていた。バジリカの中で、日曜日の日の出まで一夜を明かす。一同、告解を受け、ミサにあずかり聖体を拝領した。朝の七時にバジリカの扉が開かれ、巡礼者たちは休息をとりにここを出る。午後三時からは、ピラトの官邸からカルワリオと聖墓所まで十字架の道行をした。七日、月曜日、オリベト山に登り、キリスト昇天の地を拝し、そこからベトファゲとベタニアに行く。八日、九日は、ベツレヘムへ行き、その周囲も見て歩いた。十日、十一日は、かんらんの園を訪れ、ゲッセマニの苦しみの場所を偲んだ。それから聖母の泉や、シロエの池にくだり、シオン山の近くまで行って巡礼を終わる。十一日金曜日の午後、再び聖墓所に赴き、一晩中祈った。十二日、十三日の両日は休息し、十四日の午後四時、三十人のトルコ兵に護衛されてエリコへ行き、ヨルダン川にくだる。エルサレムに帰ってくると宿泊した家に、皆監禁された。

(16) イグナチオが書いたベネチアからエルサレムまでの旅行記のことらしいが、その日記は今日、行方不明となっている。

(17) モンテシオンの修道院に奉仕していたキリスト教信者は、制服にバンドをしていたのでこう呼ばれた。

五章

49　パレスチナからの帰途キプロスに寄港、次いで大暴風雨に遭遇、その後ベネチアに上陸する。

50〜53　バルセローナ行きを決意し、ジェノバからフェララに向かう途上皇帝軍とフランス軍両陣営の間を横断する。スパイと思われ、逮捕され辱めを受ける。このときイエズス・キリストの姿が彼に現れた。バルセローナに向け出帆する。

49 その翌日[1]出港し、キプロスに着くと巡礼者たちは別々の船に分乗した。港にはベネチア行きの船が三、四隻停泊していた。一隻はトルコ人のもので、もう一隻は非常に小さく、他のもう一隻の豪華で、どっしりとした船はベネチアの金持ち[2]のものだった。一部の巡礼者たちが、その船の船長に掛け合って、巡礼者（イグナチオ）を乗せてくれるようにと頼んだ。しかしどんなに巡礼者の人柄をほめ、繰り返し頼んでも彼が金を持っていないことがわかってしまったので、まったく取り合ってもらえなかった。船長は、もし彼が聖人なら、聖ヤコブが海を渡ったように彼もしたらどうです、などと言った。そこで、イグナチオの世話をしたそれらの人々は、小さな船の船長に願った。すると、すぐ船長は承諾してくれた。やがて、ある朝早くこれら三隻の船は順風に帆を張って出港した。ところが、その日の夕方になって暴風雨に襲われ、散り散りになり、大きな船はキプロス島のすぐ近くで沈んだが、船客だけはようやく助かった。ところが、トルコ人の船は乗員もろとも海中に消え去ってしまった。もちろん、小さな船も大変あぶなかったが、やっと無事にアプーリアに上陸した。これは冬の真っ最中のことで、寒さは厳しく、雪さえ降っていたが、巡礼者はひざまでの厚い布地のズボンと靴を履き、ふくらはぎから下はむき出しだった。そして、背中に方々穴のあいている黒地のシャツと、ほとんど毛のなくなった短い上着を着ていただけだった。

50　ベネチアに着いたのは一五二四年一月中旬のことで、キプロスを出てから二カ月半もの長い海の旅の後であった。エルサレムへ立つ前、彼を自分の家に引き取って世話をしてくれた知人の一人にベネチアで出会ったが、その人は施しとして十五、六ジュリオ(3)の貨幣と一片の布をくれた。寒さが厳しかったので、彼はこの布をいくつにもたたんで腹に当てた。

エルサレムにとどまることが神のみ旨でないとわかった後、今度は何をすべきかを絶えず考え続けた。やがて人々の霊魂を助けるには、しばらくの間勉強をしたらよいと思った。そのつもりでバルセローナへ行くことに決めた。それで、ベネチアからジェノバに赴いた。ある日フェララの大聖堂の中で祈っていると、物乞いが施しを請うてきたので、五、六カトリニに相当する一マルケット貨幣[4]を与えた。また別の物乞いが来たので、前のより少し高価な貨幣を施してやった。三人目が来たときには、ジュリオ貨幣しかなかったので、その中の一枚を与えた。彼が施しをするのを開き伝えて、さらに物乞いたちが続々と集まってきたので、有り金全部を分け与えてやった。ところがなおも、大勢の者が施しをもらおうと群れをなして押しかけてきたので、もう何も残っていないからゆるしてくれと頼むほかなかった。

51 フェララを経てジェノバに向かう途中、イスパニアの兵士たちに出会い、その夜は親切なもてなしを受けた。兵士たちは、彼がフランス軍と皇帝軍の両戦線[5]のまん中を通る道を平気で旅してきたのを見てびっくりした様子だった。

彼らは、その国道とは別の安全な道を行くようにと教えてくれたが、彼はその忠告に従わず、今まで来た道をかまわず進んでいき、戦火で廃虚となった村に着いた。しかし、夕方になっても、食べ物を施してくれる人など見つかりそうもなかった。日が沈むころ、軍隊に固まれた町にやっと着いたが、たちまちそこの歩哨にスパイではないかと疑われ、つかまえられてしまった。こういう疑いがある場合いつもするように、兵士たちは、彼を市の門に近い小さな家に監禁し、尋問を始めた。どんなことを聞いても、何も知らない、の一点張りだったので、兵士たちは手紙を携えていないかと探し、着物を脱がせ、靴や体全体も調べてみた。しかし、別に何も発見できなかったので、ついに、指揮官なら何か白状させるであろうと、その前へ引っぱり出した。彼は、上着を着させてくれるように頼んだが聞き入れられず、前に述べた例のシャツとズボンだけで引き立てられた。

52　その途中、今まで経験したような出現ではなかったが、ちょうど、キリストが兵士たちに引かれていったときの場面を見たような気がした。三つの長い通りを引き立てられていったが、悲しみを感じなかった。それどころか、かえって喜びと満足を感じながら歩いていった。ところで、それまでは、誰に対してもあなたということばで話す習慣だった。これはキリストや使徒たちがこのことばを用いたことを考えてのことである。ところが道々、ふと、この切迫したときには、習慣に反しても、あなたと言うのをやめ、指揮官には「閣下」と呼びかけたほうが利口ではないかという考えが浮かんだ。と同時に、それは、自分が受けるかもしれない拷問などに対する恐怖から起こっていることにも気がついた。やがて、それは一種の誘惑であるとわかったので、閣下と言うまい、また、敬意を表したり、帽子を脱ぐなどのこともすまいと決めた。

53 指揮官の館に着くと彼らは巡礼者を階下の一室に入れた。やがて指揮官がやって来て、彼を尋問しだしたが、彼は礼儀を無視した態度で、ことば少なくぽつりぽつりと答えた。指揮官は、彼が正気でないと思ったのか、連行してきた兵卒に、「これは頭が狂っている。持ち物を返し、さっさと追い出せ」と命じた。[6]

館から出ると、偶然に、その町に住むイスパニア人に出会い、その家に招待され、その日初めての食事をした。そのうえ、その夜必要なものまでもらった。朝になり再び出発し、夕方まで旅を続けていると、塔の上で見張っていた二人の兵士が彼を見つけ、飛び降りてきてつかまえ、今度はフランス人の指揮官の前に連れていった。彼はいろいろと尋問され、故郷はどこかと尋ねられたので、ギプスコアの出身だと答えると、「実は私の故郷もその近くだ」と言い、やがて兵卒に、「この人に何か食物をあげてくれ、親切にもてなすように」と命じた。その人はおそらく、バヨンヌあたりの生まれだったのだろう。フェララからジェノバへの途上では、その他いろいろな事件にあったが、やっとの思いで目的地にたどり着いた。そこでポルトウンドというビスカヤ人と再会した。この人とは彼がカトリック王の宮廷に仕えていたころ[7]何度も話し合ったりしたことがあり、この人のおかげでバルセローナ行きの船に乗れたのである。

航海の途中では、当時フランス側の味方だったアンドレア・ドリア[8]に追跡され、危険に陥ったりした。

注

（1）エルサレムで二十日間を過ごし、九月二十三日、夜の十時、盗賊団を恐れて、ひそかにラムレに向けて立った。翌朝の十一時、皆疲れきって、空腹をかかえてラムレに到着した。戦争の危険や政治的に困難な問題があり、ここで六日間、ラムレのエミールが二十キロ先のヤッファへ行くようにとの命令を下すまで隠れていた。

（2）この金持ちの名は、ジェロニモ・コンタリーニといい、フスリの日記によれば、大きい二隻の船の名前はマリピエーラおよびマランで、マリピエーラの船にピエール・フスリとその同僚が乗せてもらった。イグナチオの乗船した船名と船長の名前は不明。

（3）一ドゥカードの十分の一に相当する貨幣。教皇ジュリオ二世の名にちなみ、そう名づけられた。

（4）この貨幣はスエルドという名の貨幣に相当し、ベネチアの一リラの二十分の一に相当する。

（5）スペイン皇帝カルロス五世とフランス国王フランソア一世はミラノの領土権を巡って紛争状態にあった。イグナチオがこの旅を行ったのは一五二四年のことで、その一年後には、パビアの戦いで勝敗が決し、フランソア一世は捕虜となってマドリードへ護送された。

（6）イグナチオがこのようにふるまったわけは、彼自身、イエズス会の会憲や『霊操』の中に提示している。会憲に書いていることは、「わが主キリストに従う人々は、主に対する愛と尊敬とのために、わが主キリストと等しい衣服と印章をまとうことを好み、また、熱望するがゆえに、もし、神を侮辱することなく、また、人の罪なしにできることであれば、己は非難、ざんぼう、侮辱に苦しみ、愚かな者とみなされ、取り扱われることも、あえて望む者である」（Examen VI 44）。

『霊操』では次のように書いている。「〔謙遜の第三様態は〕最も完全な謙遜である。すなわち、第一のと第二のとを含め、それらと同じように神の賛美と栄光となり、わたしたちの主キリストに倣い、より実際に似た者となるために、貧しいキリストと共に、富よりも貧しさを、辱めに満ちたキリストと共に、名誉よりも辱めをわたしは望み、選ぶ。そして、初めに無益で狂気とみなされたキリストのために、この世で博学で賢明とみなされることよりも、無益で狂気とみなされることを望む」（霊操一六七）

これらのイグナチオのことばは、彼がとった行動の真意を伝え、また、この事実は、彼のことばの最もよい解説である。リバデネイラの証言によれば、イグナチオはあのとき、「ヘロデとその兵士たちから侮辱、ののしり」を受けられたキリストにあやかることを考えていたのであった。

（7）イグナチオはカトリック王フェルナンドの会計係長ホアン・ベラスケス・デ・クェリヤールの家に仕えた。それで広い意味ではカトリック王に仕えていたとも言える。というのは、会計係長はその職務柄、常に国王のそば近くに仕え、王がどこへ旅行するにも一緒に行き、官舎が提供されていたからである。

（8）アンドレア・ドリア（一四六六〜一五六〇）、ジェノバ人、一五二二年フランス王のフランソア一世に味方したが、一五二五年フランソア一世がパビアの戦いで壊滅すると教皇クレメンス七世に仕えた。一五二八年にカルロス五世の命に服した。

六章

54〜55　バルセローナで学問を始め、いくつかの困難と戦う。

56〜57　哲学と神学を学ぶため、アルカラに赴く。

58〜59　霊操を指導し、キリストの教えの説教に従事して、宗教裁判所に訴えられる。

60〜62　監獄に入れられたが、やがて釈放される。

63　アルカラからパリャドリッド、サラマンカへと向かう。

54

バルセローナ[1]に着いた後、イサベル・ロセー[2]と、そのころラテン文法を教えていたアルデボル修士[3]の二人に勉学をしたいという自分の望みを打ち明けた。二人ともその望みに賛成し、アルデボルは無償で教えようと言い、イサベルは生活に必要なものすべてを提供しようと言ってくれた。しかし巡礼者はマンレーサにいる非常に霊的に高い一修道士[4]を知っていたので（聖ベルナルド会の人であったと思う）、まずこの人のところに滞在して教えを受けたいと思った。そうすれば、霊的なことにもっと容易に専念できるし、また、人々を霊的に助けることもできると考えたからである。そこで、先の二人に対して、もしマンレーサで自分の念願がかなえられなかったら、ご好意に甘えたいと答えた。しかし、マンレーサへ行ってみると、その修道士がすでに亡くなってしまったとわかった。そこで、バルセローナに引き返し、一心に勉強を始めた。ところが、勉強に非常に大きな妨げとなることが一つ起こった。文法の勉強を始める人にとって、まず暗記が必要であるが、彼の場合、何か暗記しようとすると、霊的な新しい知識がわき出て、喜びと味わいを感じるのが常であった。少しも暗記できないほどそれは強くて、どんなに努力してみてもそれを止めることができなかった。

55 このことについて繰り返し反省し、「祈っているときにもミサにあずかっているときにも、これほど鮮やかな知識が浮かんでこないではないか」と気づき、しだいにそれが誘惑であることがわかってきた。そこで祈りをしてから、教師の家のすぐ近くにある「海の聖母マリア[5]」という教会に行った。それから教師に、少しの間教会で、わたくしの話を聞いていただきたいと頼んだ。そして、教会で並んで腰をおろし、自分の霊魂に起こっているいろいろなことや、そのために今までほとんど何も進歩していないことなどを、ありのままに打ち明けた。そのうえ、教師に、「わたくしは、これからの二年間、バルセローナで生きるためのパンと水が得られるかぎり、絶対にあなたの授業をなまけないことを約束いたします」と誓った。確固たる態度でこの約束をしたので、それからは二度と今までのような誘惑に悩まされることはなくなった。

以前マンレーサにいたとき、胃の痛みのため靴を履くようになったが、この痛みはエルサレムに旅立ったときから、すっかりよくなったように感じた。それで、バルセローナで勉強中は、以前の苦行を再び続けてみたいと思った。そこで、靴の底に穴を開け、それから日ごとに少しずつその穴を広げていったので、冬の寒さがやってくるころには靴の上部を残すばかりとなった。

56 彼は二年間の勉学を終え、その間、十分の進歩を遂げたと思われた。教師は彼に、もう哲学のコースに進んでもよいと保証し、アルカラ[6]へ行ってみたらいいだろうと勧めた。しかし、念のため神学の博士に試問してもらったところ、この人も同じ忠告を与えた。そのころはすでに同志[7]がいたのだが、ただ一人でアルカラへと向かった。アルカラに着くと、物乞いをして歩き、その施しで生活を始めた。こうして十日か十二日ほど過ごしたある日のこと、一人の聖職者とその連れの人たちが、彼が物乞いをするのを見て、あざ笑い、侮蔑するようなことばをかけた。そのころは、健康であるのに物乞いをする者に対して、そのように対応するのが普通であった。このとき、ちょうどそこを通りかかったアンテサーナの新しい慈善院[8]の係りが、彼を気の毒に思い、慈善院に連れていって一部屋をあてがってくれ、そのうえ必要なものはなんでも心配してくれた。

アンテサーナ慈善院。アルカラに滞在中、イグナチオはこの慈善院で寝起きした。

57 アルカラ[9]でそれからおよそ一年半の間、勉強した。一五二四年の四旬節にバルセローナに着いて、そこで二年間勉強してから、一五二六年にアルカラへ来て、大学でソトの弁証法[10]、大アルベルトゥスの自然哲学[11]、命題集の師[12]を研究したわけである。また、彼はアルカラ滞在中に、霊操を与えたり、キリストの教えを説明したりして、神の栄光のため豊かな実りを目指したのである。これによって、霊的生活に深い知識をもち、それに深い興味を覚えるようになった人も少なくなかったが、反対に、いろいろな誘惑を感じた人もいた。たとえば、ある人は、体をむち打とうとしても、手が縛られてでもいるかのように、それができないなどのことがあった。このようなことが、いろいろ世間のうわさの種ともなった。[13]彼がキリストの教えを説くとき、大勢の人が集まってきたので、そのうわさはこの人たちによってどんどん広まっていった。

アルカラに来てまだ間もないころ、ドン・ディエゴ・デ・エギーア[14]という人と知り合いになった。この人は、アルカラで印刷業を営み、豊かな生活をしている兄[15]の家に住んでいた。この兄弟は、貧しい人々を救うために彼に施しを与えて援助してくれた。そしてまた、自分の家に巡礼者の三人の同志[16]を止宿させてくれたのである。

あるとき、巡礼者がディエゴのところに行き、何人かを助けるための施しを請うと、金はないがと言いながら、いろんな品物の入っている長びつを開けて、種々の色をした掛けぶとんや、ろうそく立てなどを出してきてくれた。彼はそれらを全部麻布にくるんで肩に負い、貧者を助けるために運んでいった。

58 前節に述べたとおり、彼がアルカラでしたことは、その地方一帯の評判となり、人ごとにほめたり、けなしたりして、語り伝えられていた。とうとう評判はトレドの審問官たちにまで達し、彼らはアルカラへとやって来た。彼らが宿泊していた館の主人はイグナチオに、彼らがあなたたちを粗服を身につけた者と呼び、アルムブラドス（照明派）[17]ではないかと思っているから、きっとこれから、あなたたちを拷問にかけるでしょうと伝えた。こうして審問の手続きがすぐ始まり、彼らの行いが取り調べられたが、しかし、審問官たちは彼らを呼び出して調べるつもりで来たにもかかわらず、召喚することもなくトレドへ帰っていった。彼らは、その事件を、現在は皇帝のもとにいる、司教総代理フィゲロアの手に委ねたのである。[18]数日後この人はイグナチオらを呼び、あなたたちの生活が審問官によって調査され告訴されたが、教えるところや生活にはなんの誤りも認められなかったので、今までどおり続けてもよいと伝えた。しかし、あなたたちは修道士ではないから、皆同じ服装をするのはよろしくない。したがって、まず巡礼者とアルテアの二人は着ている着物を黒に、カリストとカセレスの二人は褐色に染めたらいいだろうと言い、若いフランス人のホアニコはそのままでよいと申し渡した。

59 わたくしたち皆は命令どおり従うであろう、と彼は答えたが、次のように言いたした。

「わたくしにはこのようなお調べが、なんの役に立つのかわかりません。先日のこと、ある司祭は、毎週聖体拝領をしているわたくしたちの一人に、ただそれだけの理由で聖体を授けようとしませんでしたし、わたくしにも同じように反対しました。[19] わたくしたちの教えに、何か異端となるようなことがあったかどうか、知りたいと存じます」と。すると、フィゲロアは、「いや、もしそんなことがあれば、おまえたちは火あぶりに処せられただろう」と答えたので、巡礼者は、「それは、あなたの場合にも同じことでしょう。あなたに異端があれば、あなたでも焼かれます」と言った。

　こうして、一同は命ぜられたとおり着物を染めたが、それから十五日か二十日の後、フィゲロアは、巡礼者に裸足で歩かず靴を履くように命じた。これに対しても、今まで課されたこの種の命令に従ったと同じように、穏やかに服従した。

　その後四カ月すると、フィゲロアは再び彼らについての調査を開始した。それは、いつもの理由のほかに、次のことがきっかけとなったようである。巡礼者に特別の尊敬を寄せていた身分ある既婚婦人がいたが、その婦人は、アルカラ・デ・エナレース地方の習慣に従い、人に見られぬようにベールで顔をおおって、たびたび夜がほのぼのと明けるころ、慈善院に来ていた。院内に入るときにそのベールを取って巡礼者の部屋に行ったというのである。しかしこのときの調査では、彼らに対して何もしなかった。訴訟手続き後でさえ召喚されることもなく、またなんの通知も来なかった[20]。

60　さらに四カ月たったころ、彼はすでに慈善院を去って小さな家に移り住んでいたが、ある日一人の警吏が戸口に現れ、「ちょっと来るように」と言った。そして彼を監獄に入れるなり、「他の命令があるまで、ここから出てはならない」と言い残して立ち去った。[21] それは夏のことだった。あまり厳しくない監獄だったのでたくさんの人が訪ねてきた。

そのうちの一人は、彼の聴罪司祭ミオナであった。獄舎にいる間も、キリストの教えを説いたり、霊操の指導をしたり、自由の身と少しも変わりなかった。多くの人々が申し出たにもかかわらず、自分では弁護士や保護者を決して求めようとしなかった。特に使いを何度も彼のもとによこし、釈放されるよう尽力しようと言っていたテレーサ・デ・カルデナス夫人のことが格別記憶に残っている。彼は常に「神の愛のためにわたくしはここに入ったのですから、もしおぼしめしなら、神が救い出してくださるでしょう[22]」と言い、どんな申し出も受けなかった。

61 尋問もなく、監禁の理由も知らされずに、監獄にとどまること十七日にして、初めてフィゲロアが姿を見せ、いろいろのことについて尋問した。土曜日を安息日と教えてそれを守らせるのではないかということまで尋ねた。[23]このほか、ある母娘と知り合いかどうか聞かれたので、「はい」と答えた。彼女たちが町から出ていったのを事前に知っていたか、と重ねて尋ねたので、彼は立てた誓いの手前、「いいえ」と答えた。[24]これを聞くと、総代理は喜びの色を見せ、彼の肩に手をかけ、「おまえがここに入れられたわけは、これだったのだ」と言った。今まで巡礼者と交わってきた多くの人々の中に、ある母娘がいた。二人とも寡婦であり、娘のほうはまだ若く美しかった。二人はすでに信仰生活に進んでいたが、とりわけ娘のほうがそうだった。この二人は高貴な家柄の生まれであるにもかかわらず、聖ベロニカの尊い衣のあるハエンに歩いて巡礼に出かけた。二人きりで物乞いをしながら行ったらしい。このことはアルカラで大変なうわさの種となった。二人の後見人であるシルエロ博士[25]は、それを彼女たちに勧めたのはこの被告人だと考えた。そのために彼を捕らえさせたのである。

このような総代理の説明を聞くと、被告は「お望みであれば、このことについてもう少し詳しい話をいたしましょうか」と言った。すると総代理は「ええ」と答えたのでイグナチオは次のように話した。

「この二人の婦人は、世界中を巡って、ここかしこの慈善院で貧者の世話をしたいと何度も言い張りました。わたくしは、そのつどいつも、娘がまだ若く美しいのだからなどの理由を挙げて、思いとどまらせようとしました。どうしても貧者を見舞いたければアルカラでもできるし、病人のところへ聖体を持っていくときに付き添って行くこともできるでしょう、と忠告しました」

話が終わるとフィゲロアは調査書全部を手にして、書記と一緒に立ち去った。

62 このころ、カリストはセゴビアにいたが、イグナチオが投獄されたのを聞いて、重病から回復したばかりだというのに、すぐかけつけてきた。そして、一緒に監獄に入ろうとした。しかし、イグナチオは、カリストに、まず総代理のところに出頭したほうがいいだろうと言った。総代理はカリストを親切に応対してくれたが、あの婦人たちが帰ってきて巡礼者のことばを立証するまで、監獄にいなければならないのだから、それまであなたも監獄にいられるようにしましょうと言った。カリストは数日の間、監獄にいた。巡礼者はカリストがまだ全快していないから、監獄の生活は体によくないと思い、彼の大の友人である、一人の博士に仲介を頼んで、カリストを監獄から出してもらった。巡礼者が投獄されてから解放されるまで四十二日たった。そのとき、例の信心深い貴婦人たちが戻ってきたので、書記が監獄へやって来て、判決を言い渡した。「被告を無罪とする。ただし、他の学生と同じ服装をすること。まだ学識がないから、四年間の学問が終わるまで、信仰について話してはならない」と。事実、同志たちの中で最も多くの知識を有している巡礼者でも、その知識には基礎が欠けていた。これは、調べられるたびに彼が自分からまっ先に言ったことであった。

63 この判決を聞いて、彼はどうしたらよいのか少し迷っていた。十分学問をしていないという以外、なんの理由も示されず、もはや、人々に霊的援助を与える道が閉ざされてしまったように思われたからである。結局、トレドの大司教フォンセカのところに行って、この問題の解決を委ねようと決心した。

アルカラを出発し、バリャドリッドで大司教に出会った。今までのできことを逐一語った後、現在自分は大司教の統治権のもとになく、例の判決に従う義務はないにしても、この問題に関しては、大司教の意見に従うつもりであると言った（このときも、いつも皆に対して話すとおり、大司教をも「あなた」と呼んだ）。大司教は、彼を親切にもてなしてくれた。サラマンカ大学に転校したいという彼の望みを知って、自分はサラマンカにも友人と学院をもっているから、それを使いなさいと言った。そして、立ち去る際に、彼に、四エスクード（約十万円）のお金を与えた。[26]

注

（1）少し後の57でイグナチオは一五二四年の四旬節（二月九日～三月二十七日）にバルセローナ

に着いたと言っている。同年の一月半ばにベネチアに着き、ジェノバまで陸路を徒歩で進んだ後、今度は地中海をバルセローナまで横断したのであるが、この最後の地バルセローナに着いたのは、二月の半ばから三月の初めのことだと推測できる。

（2）イサベル・ロセーは、一五二三年イグナチオが初めてバルセローナに来て長く滞在している間に知己となったのであるが、ここで彼が学問をしていた間中、非常によく世話をし、パリへ留学した後でもいろいろと援助を続けた。彼女は一五四三年には二人の友と一緒にローマへ赴き、一五四五年イエズス会の従順のもとに修道の誓願を立てるという念願を果たした。ところがその後、多くの困難が生じてきたので、イグナチオは彼女らの誓約を解除するよう教皇に願い、こののちは婦人を入会させないことにした。それで彼女は一五四七年再びバルセローナに帰り、サンタ・マリア・デ・エルサレムという修道院で、フランシスコ会員として誓願を立て、信仰深き生涯を終えた。

（3）ジェロニモ・アルデボルは当時、学士で一五二五年～二六年の一年間バルセローナ一般教養学校でラテン文法講座を担当していたが、イグナチオはこの年彼の教えを受けたのだった。しかし、一五二五～二六年の講座の様子は、アルデボル学士が教師の説明を筆記し、それをそっくり生徒に教えるという一種特別な先生だったようである。このような教職は一五〇八年の学校法令によってその学校に存在していた。この方法でアルデボルは、イグナチオがバルセローナへ来るとすぐに彼を学問のうえで援助できたわけである。

（4）聖パウロ教会にいたシトー会の修道士であることは確かである。この教会については30で述べた。

（5）サンタ・マリア・デル・マル（海の聖マリア）教会はバルセローナの港近くに位置するゴシック風の聖堂で一三八三年に建造されたものである。

（6）アルカラでは、文法、論理学、自然哲学、倫理学を勉強した。十月十八日に始まり、七月三十一日に終わっている。イグナチオが勉強したと思われるテキストは、ネブリーハのラテン文法、ウィルギリウスの叙事詩エネイダ、セネカの格言、カトーの作品。このアルカラの勉学期間中に、イグナチオは、初めて『エンキリディオン・ミリティス・クリスティアニ』(Enchiridion militis Christiani) を読み、ロッテルダムのエラスムスを知った。指導司祭の勧めによってこの書を読み始めたのだが、本書を読んでいると熱心さがしだいに失われ、読み終わったときには内的精神もなくなり、熱意も冷め、まるで人柄が変わってしまったように感じた。それ以来イグナチオは、エラスムスの本を二度と取り上げて読もうとはしなかった。

（7）すでにバルセローナで、カリスト・デ・サー、ローペ・デ・カセレスとホアン・デ・アルテアはイグナチオに賛同した。

（8）この新しい慈善院はヌエストラ・セニョーラ・デ・ラ・ミセリコルディア（慈悲深きわれらの聖母）と呼ばれているが、また創立者の名前にちなんでアンテサーナとも称されている。イグナチオが世話になったころの院長が誰であったかは明らかではないが、歴史家たちはロペ・デ・テサかホアン・バスケスのいずれかであるとしている。

（9）イグナチオがアルカラに逗留した期間ははっきりしないが、バルセローナに二年間いたものとすると（56参照）、アルカラに着いたのは一五二六年三月末であると思われる。また、彼の生活態度に関して最後の告訴が行われ、その判決が下されたのは一五二七年七月一日で、獄舎から解放された二十日後にアルカラを去ったのであるから、一五二六年三月末から一五二七年七月二十日前後にわたって当市にいたことになる。したがって、その滞在期間は一年半未満ということになるだろう。ところが、これに対してアルカラでの告訴の際の証人たちの言うところによると、イグナチオは一五二六年七月に当市に着いたとしている。この説によればイグナチオの滞荘期間は十一カ月前後になる。アルカラの証人たちが確証づけるところにも一理はある。なぜならイグナチオのバルセローナでの一般教養学校は七月に終わったのであるから、彼が課程半ばで三月にバルセローナを出発したというのはおかしいからである。

（10）論理学のことである。ドミンゴ・デ・ソトのスッムレ（Summulae）は一五二九年、ブルゴスで初めて印刷されたのであるが、アルカラではこれより三年前に、すでに本書の原稿の写本が講義のテキストに使われていたようである。

(11) 聖アルベルトゥス・マグヌスはほかにも自然哲学八巻（Physicorum libri VIII）を著している。

(12) ペトルス・ロンハルドゥスは、命題集の師とも呼ばれ、その代表作『神学命題集』四巻（Sententiarum libri IV）は学生のための神学を組織的に解明している。

(13) 欄外に記されたカマラ師の注釈に「ある晩イグナチオ自身感じた恐怖のことをわたくしは思い出す」とあるが、カマラ師はこれについては説明していない。ポランコ師の書いた『イグナチオの生涯』に、ある夜、家の中で変な恐ろしい物音がしたとあるが、おそらくこのことであろう。イグナチオは悪魔にたち向かい、「もしも神が悪魔に彼を試みることをおゆるしになったのなら、喜んで苦しみを受けるつもりである。しかし、神がおゆるしになった以上のことは自分に対して何もできないのだ」と悪魔を叱責した。このような勇気、信仰、神への信頼心によって恐れは消え失せ、夜の変な物音もしなくなった。（Fontes Narrativi II, 545）

(14) ドン・ディエゴ・デ・エギーア——ナバラ地方エステーラの司祭。一五四〇年イエズス会に入り、しばらくイグナチオの聴罪司祭となる。一五五六年七月十六日ローマに死す。彼の兄弟の一人エステバンもイエズス会に入った。

(15) ミゲール・エギーア——有名な印刷業者。一五二六年二度にわたって『キリストのまねび』を印刷する。おそらくイグナチオの影響かと思われる。

(16) バルセローナでイグナチオと同志になった三人はすでに述べたようにアルテア、カリスト・デ・サーとローペ・カセレスであったが、アルカラでは新しくジャン・リナルドという若いフランス人が加わった。

(17) アルムブラドス（照明派）とは異端の一宗派で、普通の信心業を軽蔑し、潜心と祈りの生活をしたが、悪魔の幻惑を受けていたことは明らかで、ときどき彼らは重大な道徳的悪に陥った。一五二六年の二月、イグナチオがアルカラに着いたころは、トレドの宗教裁判所によって四十八人の照明派が異端の宣告を受けていた。

(18) 事実、トレドの宗教審問官ミゲル・カラッスコとアロンソ・メヒアがイグナチオとその同志の件を審問しにアルカラへ赴いたが、審問し終わらずにアルカラにいるトレドの大司教総代理ホアン・デ・フィゲロアにこの件を一任した。彼がいかに事実を処理したかは本文に説明してある。一五三八年にローマにいたとき、反対にイグナチオを弁護してたち働いたことがある。一五六三年から一五六五年の間、皇室会議議長を務め、一五六五年三月二十二日マドリードで死んだ。

(19) アルフォンソ・サンチェス博士のことであろう。この人についてはアルカラの学校史の中に次のような逸話が残っている。ある日、彼がミサの準備をしていると、イグナチオが近寄ってきて聖体拝領をしたいと言った。彼は最初反対したが、しまいには承諾した。このとき以来イグナチオと親しくなったという。

(20) 二度目の告訴が行われたのは一五二七年三月六日のことで、一五二六年十一月二十一日の判決以来約四カ月の後であった。フィゲロアはホアン・ベナベンテの妻メンシア・デ・ベナベンテ、その娘アナ、およびアンドレス・ロペスの妻アナ・デ・メナの娘レオノールを証人として招請した。

(21) 少し後の62で獄舎に四十二日いたとあり、また解放されたのは六月一日であったのであるから、投獄されたのが四月の十八、九日であったことは明らかである。

(22) アルカラ、サラマンカ、パリと続いた三回の審問の際に、イグナチオは常に変わらずこの態度を保持した。数年後、ポルトガル王ジョアン三世にローマからイグナチオは書いている。「五回の審問と二回の投獄に際して、いつもわたくしは保護者も弁護士も欲しませんでしたし、事実、おかげさまで弁護士のごやっかいになりませんでした。ただ神だけがわたくしの弁護者であり、その恩恵によって、わたくしは現在と未来の希望をすべて神におまかせしておりました」(Epist. I, 297)

(23) 訴訟に際して、フィゲロアが一五二七年五月十八日イグナチオの獄舎へ審問に赴いたが、そのときすでに投獄の日から三十日も経過していた。それで別の審問官がフィゲロアより先に訴訟にあたり、イグナチオはこの人物のことを暗に言っているのではないかと思われる。当時、スペインには多数のユダヤ人がいて改宗していたが、従来の習慣が変えられず土曜日を安息日とするものが多かった。土曜日はユダヤの安息日であった。

(24) マリア・デル・バドとその娘ルイサ・デ・ベラスケスのことであるが、少し後で述べているように、彼女らはイグナチオの意見に背いてハエンの聖ベロニカの聖堂に巡礼した。

(25) ダロカ出身のペトロ・シルエロ博士。アルカラ大学の有名な教授で後にサラマンカ大学に移った。

(26) 判決があった後、アルカラには二十日しかいなかったのであるから、一五二七年の六月二十日ないし二十一日にアルカラを出発したものと考えることができる。

七章

64〜66　サラマンカに着き、間もなくドミニコ会の神父たちから審問を受ける。

67〜70　無罪が確認されて釈放されるまで、監獄に閉じ込められる。他人に対する彼の霊的働きに二、三の条件がつけられる。

71〜72　パリ行きを決意する。

64　サラマンカに着いて、彼がある教会で祈っていると、一人の敬けんな婦人は、彼を見て、例の「会」（コンパニーア）の一員であるとすぐわかった。彼の四人の同志が数日前にすでにこのサラマンカに着いていたからである。そこで彼に名前を尋ね、同志たちの宿舎に連れていった。

アルカラで他の学生と同じ服装をせよと命じられたとき、巡礼者は、「以前に着物を染めよと命じられたときに、わたくしたちは従いました。しかし、今は学生服を買うだけのお金がありませんから、それはできません」と答えた。すると、総代理は彼らに学生服、学帽、その他の学用品いっさいを心配してくれた。一同は、それを着て、アルカラを立ってきたのだった。(1)

サラマンカでは、聖エステバン教会で、ドミニコ会の修道士に告解していた。ここに来て十日か十二日ほどしてから、聴罪司祭が、彼に、「修道院の神父たちがあなたと話したがっています」と言ったので、「よろしいです」と答えた。すると司祭は、「今度の日曜日に、ここに食事においでなさい。しかし前もってお知らせしておきますが、皆がたくさんのことをお尋ねしたいと思っていますよ」と言った。このようなわけで、彼は日曜日に、カリストと一緒にそこに来た。食事の後、院長が不在だったので、副院長が聴罪司祭と、おそらく、もう一人の修道士とともに、イグナチオとカリストを聖堂に導き、ここで副院長は非常に親しげに話しだした。使徒のように説教している彼らの生活や行いについて多くのよいうわさを聞いてはいるが、あなたがた自身からこのことについて、もっと詳しく聞かせてもらえたら、皆さぞ喜ぶでしょうと言った。そしてまず、彼らが今までいったいどんなことを勉強してきたのかと尋ねた。そこで、巡礼者は、「わたくしどものうち、最も勉強してきたのはこのわたくしです」と答え、彼の学んだことがどんなにわずかなもので、どんなに基礎に欠けているものかを明白に述べた。

65　副院長は、「それならば何を説教なさっているのですか」と尋ねた。巡礼者は、「わたくしたちは、別に説教などいたしません。ただ、招待されたときなど、食後に、数人の人たちと心おきなく、神さまのことについて談話するだけです」と答えた。「神さまのことと言われたが、どういうことなのですか？　その点が知りたいのですが」と修道士は尋ねた。巡礼者は「ときにはある徳について、また他のときには別の徳について語り、いつも、それらの徳を勧め、また、あるときには一つの悪徳について、他のときには別の悪徳について話し合いますが、そのときには、戒めながら語るのです」と答えた。

サラマンカのドミニコ会修道院。異端の嫌疑がかけられたイグナチオは、この修道院に幽閉された。

そこで修道士は言った。「あなたたちは学問をした人たちでないのに、しかも、善徳や悪徳について語られる。ところが、このようなことについて話すには、学問によるか、聖霊によるかでなければなりません。あなたたちの場合、学問によるものでないとしたら、聖霊によるということになります。これこそわたくしたちが明らかにしたいところなのです」と。

このような結論の仕方は正しいと思われなかったので、巡礼者は冷静を保ち、しばらく黙っていた後、これ以上そのことについて話す必要がないと言った。しかし修道士は、「世界をだましたエラスムスなどの多くの人々の誤びゅうが広まっている現在、あなたはご自分の考えをもっと詳しく説明しようと思わないのですか」と迫った。(2)

66 巡礼者は、これに答えて、「神父さま、わたくしに命令する権利のある目上の前でしたら別ですが、そうでないかぎり、今まで述べたこと以上は申し上げられません」と言った。

この少し前に、修道士は、なぜカリストがそのような服装をしているのかと尋ねた。実はカリストは当時、短い上張りを着、頭には大きな帽子をかぶり、巡礼杖を手に、ほとんどひざまでの長靴を履いていたのである。非常に背が高かったので、それは、とても不格好だった。

巡礼者は、自分たちがアルカラで捕らえられたこと、学生の服装をするよう命ぜられたこと、ところが、カリストはあまりに暑かったので、上着を貧しい聖職者に脱ぎ与えたことなどを修道士に物語った。これに対し、修道士は、「愛のわざをするときは、まず自分のことから始めるべきだ」とつぶやきながら、いかにも気に入らないという表情をした。

さて、話をもとに戻すと、例の副院長は、巡礼者からこれ以上一言も聞き出せないので、「それでは、二人ともここで待っていなさい。じきに、何から何まで言うようにさせてみます」と言った。こうして修道士たちは、皆急いで立ち去った。しかしその前に、巡礼者が、この礼拝堂に待っているようにということか、あるいは、どこか別のところで待つようにということかと尋ねると、礼拝堂にいるようにと答えた。間もなく、修道士たちは修道院の扉を全部閉めさせてから、裁判官に連絡をとったらしいが、二人は法廷からなんの知らせも受けないまま、三日間も修道院に閉じ込められてしまった。その間、食事は修道士とともに食堂でとった。彼らの部屋はほとんどいつも訪ねてくる修道士でいっぱいだった。巡礼者は、いつものように霊的なことについて話していた。それで、彼に好感をいだく者も多く、修道士の間に意見の分裂さえ生じた。

67 三日の後、公証人がやって来て、二人を監獄に連れていった。そこでは、階下の犯罪人たちとは一緒にされず、上の一室に入れられたが、そこは古いうえに、長いこと使っていなかったので、非常に汚い部屋だった。二人は、同じ一本の鎖で片足ずつ縛り付けられた。その鎖は部屋の中央の柱につながれ、二メートルないし二メートル半くらいの長さしかなかったため、一人が何かしようとすれば、他の一人も一緒に行かなければならなかった。最初の夜は二人とも一晩中まんじりともしなかった。翌日になり、二人が投獄されたことが町に伝わると、人々は寝具や、そのほか、必要な品物をたくさん監獄に届けた。また、絶えず多くの人たちが彼らのところへ訪ねてきたので、巡礼者はいつものように神のことについて話をした。やがて、修学士フリアス[3]が一人ひとり別々に尋問するために来た。巡礼者は詳しく調べてもらうために、書いたもの全部、すなわち『霊操』の原稿[4]を彼に手渡した。そして、ほかにもっと仲間がいるだろうと聞かれたので、「そうです」と答え、その居所も教えた。

修学士の命を受け、すぐ下の者が彼の住居に行き、ホアニコは残して、カセレスとアルテアを逮捕し監獄へ連れて来た。このホアニコは後に修道士となった人である。ところで、その二人は上の巡礼者たちの部屋には入れられず、下の一般囚人たちと一緒にされた。巡礼者は今度もまた、全然弁護人や保護者を求めようとはしなかった。

68 数日後、彼は四人の裁判官サンクティシドロ、パラビニヤス、フリアスの三博士および学士フリアスの前に呼び出された。皆はすでに、彼の『霊操』には目をとおしていた。そこで、彼らは、イグナチオに霊操ばかりでなく神学に関してもたくさんの質問をした。たとえば三位一体や聖体の秘跡などについて、その奥義をどのように理解しているかを尋ねた。そこで彼は、まず自分は学問がないとことわって、裁判官の命令に従い、とにかく、とがめられるところのない話をした。他の裁判官より積極的な態度を初めからとっていた学士フリアスは、今度は教会法についても質問した。そして、すべての質問に回答するよう強いられたが、巡礼者は質問に答える前に、これらの問題に関し、博士方がどう述べておられるか知らないが――と必ず前置きした。これが済むと、今まで人々に説明してきたと同じように、第一戒について述べてみよと命ぜられた。そこですぐその説明をし始めたが、彼があまり長々と述べ立てたので、ついに四人ともそれ以上質問を続ける気力を失ってしまった。これより前に、彼らが『霊操』について尋ねたときに、その本の最初に出てくること、すなわち、どういったときに小罪であり、またどういうときに大罪であるのかという点について、彼らは繰り返し調べた(5)。この調べの中心は、彼がなんの資格もないのに、どうしてこのような問題をあえて断定するのかという点であった。彼は、これに答えて「書いてあるものが正しいか正しくないかは、あなたがたで決めてください。もし間違っているなら、非難してください」と言った。しかし、彼らは結局何も非とせず立ち去っていった。

69

獄舎に訪ねてきた多くの人々の中にブルゴスの枢機卿であるフランシスコ・デ・メンドーサがいた。彼は学士フリアスと一緒に来たのである。メンドーサ卿が「監獄の中の具合はどうか、監禁されているのがつらくはないか」と親しげに尋ねたとき、彼はこう答えた。「今日、ある婦人が、捕らえられたわたくしを見て、同情のことばを述べましたが、その際、わたくしが彼女に言ったとおり、あなたにもお答えしましょう。〈そうおっしゃるのはあなたが神への愛のために捕らわれの身となりたくないということを示しています、あなたにとっては監獄がそれほどひどいところですか。わたくしにとって、神への愛のため掛けてもらいたいと思うこれほどの鎖や手錠は、サラマンカ中でもそんなにありません〉と」(6)

ちょうどそのころ、監獄から囚人たちが脱走するという事件が起こったが、巡礼者の同志のカセレスとアルテアだけは逃亡しなかった。その翌朝、戸が開けっ放しになっており、この二人のほかには誰もいなかったのがわかったとき、みんなは大いに感嘆し、町中にそのうわさが広がった。このため、彼らはただちに監獄の代わりに近くの館に移された。

70 捕らえられてから二十二日目に、彼らは判決のため、呼び出された。その判決は次のようであった。「彼らの生活にも、その説くところにも誤ったところは少しも認められない。よって彼らは従来どおり、キリストの教えを説明し、神のことについて人に語って差しつかえない。ただし、向こう四年間、さらに学問を積むまで、何が大罪であり、何が小罪かということを、いかなる場合にも決定してはならない」

この判決文を読みあげた後、裁判官たちは彼に対して、多大の好意を示した。なぜなら、彼らはイグナチオがその判決を受理することを望んでいたからである。

巡礼者は、判決文に示されたとおり実行はしますが、その判決に承諾はできないと言った。それは、自分がまったく無罪と認められたにもかかわらず、自分の能力に応じて隣人を助け導く道が閉ざされてしまったからである。非常な同情を彼に示していた博士フリアスがどんなに頼んでも、巡礼者は、自分はサラマンカの司法権の下にあるかぎり、命ぜられるままを実行するというほか、何も口にしなかった。

やがて皆は監獄から解放された。巡礼者はこの問題について神に祈り、これから何をなすべきかを考え始めた。実はこれ以上サラマンカにとどまることは、非常に困難だと思った。何が大罪であり、何か小罪であるかを決めてはならないという命令のため、人を導いて助けるための道が、閉ざされてしまったように思われたからである。

71 こうして、彼はパリに行って勉強しようと決心した。[7] 巡礼者が、先にバルセローナで勉強をしたらよいものか、またどのくらいしたらよいかと相談していたときの心配は、ひととおり勉学を終えてから修道会に入るべきか、それとも、従来どおり世間に残るべきかの問題にあった。そして、修道会に入るという考えが浮かんだとき、すぐに、会則を守らない、あまり改善されていない修道会に入ろうという望みが起こった。そういった会に入るなら、それだけ多く苦しみがあるだろうし、また主がきっとその会員たちを助けてくださるだろうと考えたからである。そしてその会で自分が受けるすべての恥ずかしめや不義などに、よく耐えることができるという大きな信頼を神から授けられていた。

また、サラマンカで捕らえられていた間も、人を助け導く望みをもち続けていた。そして、この目的のためには、まず勉強し、今までの同志を固め、さらに同じ志をもつ人々を募るつもりであった。

だから、パリに行こうと決心したとき、自分がまずパリに渡り、一同がパリで学問を続けるすべがあるかどうかを確かめるから、それまで、皆はサラマンカで待機するようにとりきめた。

72 サラマンカの多くの著名な人々が、彼の出発を思いとどまらせようと努力したが、彼の決意を翻させることはできなかった。監獄から解放されてから十五日か二十日の後、彼はわずか数冊の本を小さなろばの背に乗せて一人、サラマンカを旅立った。(8)

バルセローナに到着すると、彼を知っている人は皆、フランスが戦争状態になってい
る際だからと言って、フランス行きを思いとどまらせようとした。彼らはいろいろ具
体的な例を挙げ、イスパニア人は火あぶりにされるとまで言った。しかし、彼は少し
も恐れを感じなかった。

注

（1）この出来事と関連して、イグナチオの列福調査のとき証明された確かな事実がある。総代理は学生服調達のための費用を請い求めるように、イグナチオと一緒に一人の男を市へ派遣した。二人はロペ・デ・メンドーサのところへ行き寄付を願ったが、彼はイグナチオに対して立腹し、もし、この男が焼け死なないならば、わたしが焼け死んでやる、とどなった。イグナチオは単純に「今おっしゃったことが本当にならないようにお気をつけなさい」と答えた。その同じ日に、フェリーペ二世の誕生の知らせがアルカラ市にも届いたので、市はさっそく、奉祝の催しを開いたが、この祝祭日に、ロペ・デ・メンドーサの衣服に火が

つき、彼は大火傷をして死んだ。

(2)ちょうどそのとき、エラスムスの全集から引き出された二十一の命題を論ずるため、セビリアの大司教ドン・アロンソ・マンリーケ宗教裁判長によって召集せられた有名な神学会議がパリャドリッドで一五二七年八月十三日まで催された。ドミニコ会とフランシスコ会の学者たちは共同してエラスムスに最も激しく対抗した。

(3)マルチン・フリアス――サラマンカ司教ドン・フランシスコ・テ・ボバディリャの代理。

(4)これが霊操について初めて出てくるイグナチオ自身の証言である。この証言によれば、『霊操』はすでに書かれており、少なくとも、一五二七年の夏に、おおよそ出来上がっていた。

(5)『霊操』の三三から三七についてである。この個所でイグナチオは、悪い思いに対して功を立てる方法と、罪を犯すことになる場合とを扱った。

(6)サラマンカの監獄にいた当時のイグナチオの気概は、エルサレムで捕らわれることをアガブスが予言したときの聖パウロを思い起こさせる。聖パウロは、泣いて彼のエルサレム行きを思いとどまらせようとした人々に対してこう答えている。「泣いたり、わたしの心をくじいたり、いったいこれはどういうことですか。主イエスの名のためならば、エルサレムで縛られることばかりか死ぬことさえも、わたしは覚悟しているのです」(使徒言行録21・13)。後年、イエズス会の総長となり、ポルトガル王に手紙を書いたとき、イグナチオは、再び同じ感慨をもらし、サラマンカで受けた迫害は彼を喜ばせたのみならず、主のためにもっと苦しんだほうがよかったとさえ思うと、神を証人にして述べている。

（7）この理由のほかに、ポランコは、イグナチオがサラマンカを出てパリに行こうとしたもう二つの理由を挙げる。すなわち、パリではもっとよく勉学に身を入れることができるし、そのうえ「もし、主なる神が、誰かの心を動かしてくださるなら、あの大学で同志を探すことも、また、主要な目的であった」

（8）イグナチオがサラマンカに滞在したのは一五二七年の七月半ばから九月初旬にかけての二カ月足らずであった。

八章

73〜75 パリで再び人文学を勉強する。

76 施しを求めにフランドルとイギリスに渡る。

77〜78 イグナチオの霊的子弟の運命。

79 イスパニア人を助けようとルアンに行く。

80 イグナチオの最初の同志たちの運命。

81 宗教裁判所に訴えられる。

82〜84 哲学課程に精進する。新たな同志を得る。健康状態が思わしくなく、故郷での静養を勧められる。

85 モンマルトルでの誓願。

86 出発の前に審問官のもとに自分から赴き、要請されていた『霊操』の写しを与える。

73 こうしてただ一人、徒歩でパリに向かって出発した。パリに到着したのは二月ごろであった。計算したところでは、それは一五二八年か一五二七年[1]である。というのはアルカラで捕らえられていたとき、スペインに王子が生まれ、この年を基準に昔のことまでも計算できるからである。パリでは、ある一軒の家に数人のイスパニア人と同居し、そこからモンテーギュ学院[2]にラテン文学の勉強に通っていた。この学校に入ったのは、今まであまり急いで勉強の課程を進まされたので、基礎がきわめて浅いと気づいたからだった。ここで、パリでの教授要綱と方法に従って少年たちと一緒に勉強することになった[3]。

パリに着いて間もなく、バルセローナでもらった為替に対し、ある商人が彼に二十五エスクード（約六十万円）の金を払った。それで、下宿に同居していたあるイスパニア人にその保管を依頼しておいた。ところがその人は、しばらくの間に金を使い果たしてしまい、それを返済するためのあてがなかった。こういうわけで、四旬節が過ぎるころには、巡礼者はもはやまったく一銭も持っていなかった。そのため、仕方なく物乞いに出かけ、そのうえ住んでいた家も出なければならなくなった。

74 こうして彼は、イノセンテス教会の向こうにある聖ヤコボ慈善院[4]に置いてもらうことになった。しかしこれは勉学のためには非常に不便であった。というのは、この慈善院はモンテーギュ学院からかなり遠いところにあったし、慈善院の門が開いている間に出入りするには、日の高いうちに出て夕方のお告げの鐘の鳴る前に帰らなければならなかったからである。そのために、全部の授業に出席することはできなかった。また、生きていくためには施しを請わねばならぬという別の障害もあった。五年前から、胃はもう痛まなくなっていたので、前よりも厳しい苦行や絶食をやり始めた。こうして慈善院に寝起きし、物乞いしながらしばらく過ごしてみたが、自分が学問においてほとんど進歩していないのを知って、どうしたらよいだろうかと考え始めた。一部の学生たちが、学院で主任の先生たちに仕えて、なお勉学の時間があるのを知ったので、書生として置いてくれるような人を探すことに決めた。

パリ大学第二図書館。イグナチオが勉強していたころの建物で、当時は寄宿舎であった。イグナチオ、フランシスコ・ザビエル、ペトロ・ファーブルもこのような建物に寄宿して勉学に励んだ。

75 教授をキリスト、生徒たちを使徒と思い、一人ひとりに聖ペトロ、聖ヨハネといった具合に名をつけて、もし教師から何か命じられたらキリストが命じたのだと思い、また、生徒の一人が何かを命じたら聖ペトロの命令と考えることにしようと思った。このようなことを考え、決心をすると、慰めを覚えた。

もちろん、雇い主を探すのに八方手を尽くしてみた。まず、修士カストロに、次は多くの教師と面識のあるカルトゥジオ会の修道士に、またそのほかの人にも相談してみたがむだであった。

76 彼が途方にくれていると、ついにある日、一人のイスパニア人修道士が、毎年フランデス地方に行き、二カ月足らずの勉強は犠牲になるが、一年勉強するに必要な資金を得るほうがよいのではないかと勧めた。この方法について、神に祈ってみたところ、よいと思った。それ以来、この忠告どおり毎年フランデスに行って、どうにか一年過ごせるだけの施しを持って帰ってきた。また、一度はイングランドにも渡り、他の年よりも多くの施しを受けて帰ってきたこともある。(5)

77　初めてフランデスに行って帰ってきたときには、今まで以上に熱心に霊的談話に専念し始めた。そして、ほとんど同時に三人の人に霊操を与えた。

それは、ペラルタ、ソルボンヌに住む学士カストロ、それに聖バルバラ学院に住むビスカヤ人アマドルの三人であった。

この三人は生活態度に大きな変化を遂げ、間もなく、持っているもの全部、書籍に至るまで貧者に施してしまった。そして、パリで物乞いをし始め、聖ヤコボ慈善院に移り住むようになった。ここは以前、巡礼者が住んでいたところであるが、このころはすでに巡礼者は前述したような理由から出てしまっていた。一方大学では、このことで大騒ぎとなった。というのは、ペラルタとカストロの二人は、身分が高く、人々によく知られていたからである。ついに、イスパニア人たちはこの二人の教師に働きかけ、いろいろな理由を挙げて説得してみたが、どうしても大学に帰らせることはできなかった。それで、ある日大勢で武器を手に慈善院に行き、二人を引っぱり出してしまった。(6)

78 彼らが大学に連れ戻されてしまったので、いろいろ相談した結果、二人がまず学業を修了して後、自分たちの決心を実行することを決めた。学士カストロは後にイスパニアに行き、ブルゴスでしばらく説教師をしてから、バレンシアでカルトゥジオ会の修道士となった。また、ペラルタはエルサレムへ徒歩で巡礼の旅に出た。ところが、途中イタリアで彼の親せきにあたる一将軍がそれを知り、彼を教皇のところへ連れていき、教皇からイスパニアに帰る命令を出してくださるようにと策略を巡らした。もちろんこれらのことは、例の事件直後ではなく、数年後のことである。パリではことにイスパニア人の間で、巡礼者について苦情がやかましく出た。デ・ゴベア師は、巡礼者が自分の学寮に住むアマドルを愚か者にしたと言い、巡礼者が今度聖バルバラ学院へやってきたら、学生をまどわす者として、部屋を与える（罰のこと）と言った。(7)

79 彼がパリへ来た当初、同じ家に住み、彼の金を使い果たしてしまった例のイスパニア人は、金も返さずにルアンを経てイスパニアへ帰ろうとしたが、ルアンで船を待っている間に、突然病気にかかってしまった。[8] 巡礼者はその男からの手紙を見、当人が病気で苦しんでいるのを知って、そこまで見舞いに行き、助けようと思い立った。そうすればその男はきっと世間を捨て、神への奉仕のためすべてをささげるようになるだろうと思ったからである。[9] どのように、この計画を実行に移そうかと考えているうち、パリからルアンまでの二十八レグア（約百三十km）を裸足で飲まず食わずに行ってみようという望みがわいた。ところが、この計画のために祈っていると、大きな恐怖心にかられた。そこでドミニコ会の教会に行って、同じ決心を立てたが、このときには神を試みることになりはしまいかという最初の恐怖は、すでに消え去っていた。出発を予定していた翌日、朝早く起床し、着物を着ようとすると、また、非常に不安になって、着物を着ることさえできないように感じた。こういう嫌悪を感じたにもかかわらず、とにかく、日の出前に家を出て郊外まで来た。しかし、その不安はまだ心から去らず、アルジャントゥイユ[10]に至るまで続いた。このアルジャントゥイユというのは、パリからルアンに向かって、三レグア（約十五km）ほど行ったところにある町である。ここには、主の衣服が保存されているといわれていた。心の重苦しさを感じながら、この町を通り抜け、やがてちょっとした丘にさしかかるころには、例の不安が消え始め、反対に大きな慰めと霊的力が心にわいてきた。うれしさのあまり、草原を歩きながら、大きく歓声を上げたり、神と語ったりなどし始めた。こうして、その日に十四レグア（約六十km）の道のりを歩き、その夜はあわれな物乞いと一緒に、ある慈善院に泊めてもらった。次の夜はわら置き場で明かし、三日目にやっとルアンにたどり着いた。この間、最初に決心したとおり、飲まず食わず、裸足で旅を続けた。(11)

こうして、ルアンで例の病人を慰め、船でイスパニアに帰れるようにしてやり、またサラマンカにいる同志、カリスト、カセレス、アルテアたち宛ての紹介状を与えた。

80 同志たちについて後に再び述べなくて済むように、ここで彼らのその後の成り行きを話しておこう。

巡礼者は、パリに来てから、約束どおり皆にたびたび手紙を書いた。その書中で、パリで勉強するために皆を呼び寄せる見込みはほとんどない、と言ってやった。それでも彼は、レオノール・デ・マスカレーニャス夫人[12]に手紙をしたため、カリストのためにポルトガル王の宮廷宛ての紹介状を書いてもらった。その紹介状によってポルトガル国王がパリに設けた留学生奨学金をカリストがもらえるようにしようとしたのである。レオノール夫人は、カリストに紹介状を書いてやり、らばに乗せ、旅費を与えた。カリストは、ポルトガル宮廷に行ったが、ついにパリへは姿を見せず、イスパニアに戻って、ある信心深い婦人と一緒にイスパニア皇帝領インドへ行ってしまった。その後、イスパニアに帰ってきたが、再びインドへ渡り、やがて裕福になってイスパニアに帰国し、サラマンカでは、彼を知っていた人々をあ然とさせた。

カセレスは、故郷のセゴビアに帰り、最初の決心を忘れたかのような生活を始めた。

アルテアは、ある騎士団の上長となった。後にローマでイエズス会が設立されたころ、南アメリカの司教の地位が与えられ、その職をイエズス会の誰かに譲る旨の手紙をよこした。巡礼者が辞退したので、彼が司教になり、イスパニアの植民地であるアメリカへ行ったが、そこで不慮の事故にあって死んだ。というのは、彼が病気になったとき、清涼水の入ったコップが置いてあったのだが、医者が調合したその清涼水の代わりに、誤って昇汞水(しょうこうすい)(毒性の強い消毒液)が入っていたコップを飲んで死んでしまったのである。

81 巡礼者がルアンからパリに帰ったとき、カストロとペラルタの件から、彼のことが大変なうわさになり、宗教審問官が彼を召喚したのを知った。それで、彼は少しも猶予せず審問官のもとに行き、自分を捜しておられるということを耳にしたが、お望みのままになんでもするつもりであると言った(この審問官はオリ学士といい、ドミニコ会の修道士であった)。そして、巡礼者は、審問官にこの問題を早く解決してほしいと頼んだ。というのは、その年、聖レミジオの日を期して、哲学課程(13)をとりたいと思っていたからで、研究に専念できるためには、その前にこの件が片づくことを切望したからだった。だが、審問官はもはや尋問しようとせず、ただ、人々がおまえの行動についてとやかく申している、と言っただけだった。

82 間もなく十月一日の聖レミジオの祝日となり、巡礼者は、ホアン・ペーニャ教授の指導のもとで哲学の講義に出席し始めた。彼は、すでに主に仕えようという決心を立てた同志を固めるつもりがあったが、よりよく学業に専心できるように、これ以上同志をつくることは差し控えようと決心した。

ところが、この課程の授業に出席し始めると、バルセローナでラテン文法を学んだときと同じ誘惑が起こってきた。講義が始まると、心にいろいろと霊的なことがいつも浮かんできて、講義に集中できなかった。こんなふうではあまり学問を修められないと気づいたので、教授のところへ行って、生活のためパンと水が得られるかぎり、必ず全課程に出席します、と約束した。この約束をしてから、時ならず浮かんだいろいろな信心深い考えは、もはやまったく消え去り、落ち着いて勉強を続けることができた。

このころ、彼は学士ペトロ・ファーブルと学士フランシスコ・ザビエルと知り合ったが、のちほど霊操によって、この二人を神に奉仕する者とすることに成功した。[14]

この学年の間は前のような迫害を受けることはなかった。この点についてあるとき、フラゴ博士が、誰からも悩まされないで静かに自分の道を進んでいられるのは不思議だと彼に言った。これに対し、巡礼者は、「そのわけは、現在誰とも神のことについて話さないからです。この課程が終われば、さっそく以前と同じようになるでしょう」と答えた。

83 こうして二人が話していると、フラゴ博士のところへある修道士が訪ねてきて、なんとか家を一軒見つけてくれるように頼んだ。というのは、この修道士が住んでいる家で、たくさんの人が死亡したが、その人たちの病気はちょうどこのころ、パリで流行し始めたペストだと思われたからである。フラゴ博士と巡礼者はその家を訪ねてみたいと思い、この病気に詳しい一婦人を伴っていった。彼女はその家に入るなり、ペストに違いありませんと言った。巡礼者も家の中へ入っていき、一人の患者を見つけ、潰瘍のある部分に、軽く手を触れて慰めた。しばらくこうして慰め、元気づけてから、ただ一人で立ち去った。ところが、患者の体に触れたほうの手が急に痛み始め、自分もペストにかかったのかと思った。その気持ちは非常に強く、打ち消すことができなかったので、しまいに、乱暴に手を口の中に突っ込んでかき回しながら「もし手がペストにかかっているなら、口もかかるはずだ」と言った。するとその気持ちも手の痛みも消えてしまった。

84 しかし、彼がそのころ寄宿し、講義にあずかっていた聖バルバラ学院に帰ってみると、学院の人たちは、彼がペスト患者の家に入ったのを知って、誰も彼に近づこうとせず、学院内に入れたがらなかった。そのため、仕方なく数日間、外で過ごさなければならなかった。

パリでは三年間の学業の終わりに、哲学生たちが学士の資格をとる前に行う「石を拾う」[15]と呼ばれるある習慣があった。このためには一エスクード（約二万五千円）もの費用がかかるので、貧しい学生にはとてもできないことであった。そこで、巡礼者は自分がそれをすべきかどうか迷った。非常に迷って決断がつかないので、この問題を自分の先生の手に委ねることにした。すると先生は、石を拾ったらよいだろうと忠告したので、そうした。しかし、口の悪い人には事欠かないもので、少なくとも一人のイスパニア人がそれを非難した。

このころ、パリで、胃の具合が非常に悪くなり、二週間おきくらいに胃が痛みだし、それが一時間も続き、熱を伴うほどだった。また、一度は胃が十六、七時間も痛んだことがあった。当時、すでに哲学課程を終わり、神学を何年か学び[16]、何人かの同志もできていたが、彼の持病は日増しに悪くなるばかりで、あらゆる治療をしてみたが、効果がなかった。

85 医師たちもさじを投げ、故郷に転地する以外、もう手の施しようがないと言った。同志も同じ忠告をし、そうするよう熱心に勧めた。このころ、将来何をなすべきかを、全員で熟慮の末に決定した。まず、ベネチアに行き、そこからエルサレムに行くこと、およびそこで、自分たちの生涯を人々の霊的指導にささげること、もしもエルサレムに永住することがゆるされない場合にはローマに引き帰し、キリストの代理者である教皇に謁見し、より大きな神の光栄と霊魂の利益とのために役に立つと思われるところへ、自分たちを遣わしてくださるよう要請すること。なお、もしこの一年間ベネチアで乗船の機会を待ち、

モンマルトルの丘。「殉教者の丘」の意。丘の上にサクラ・クレール（聖心）教会がある。イグナチオと7人の同志はこの丘のふもとにある小さな修道院でエルサレム行きの誓いを立てた。

一年間に乗船できなければ、エルサレム行きの誓願から解放され、教皇のもとへ行くことなども決定した。(17)

巡礼者は、イスパニア人の同志がかかえているいろいろな家庭の問題を解決しておくという必要もあったので、ついに同志たちに説得され、故郷で健康の回復をはかり、その後、同志の用事を片づけ、それからベネチアへ行き、そこで同志を待つことにした。

86 以上は一五三五年のことであった。同志たちは、一五三七年の聖パウロの回心(18)の日にパリを出発しようと申し合わせていたが、戦乱が起こったので、一五三六年十一月(19)に出発した。巡礼者が故郷への旅に出ようとしていたとき、自分が宗教裁判所に訴えられ、起訴手続きがとられているのを聞いた。その事実を耳にしたが、別に召喚される様子もないので、自分から審問官のもとへ行き、聞き知ったことを話し、また、イスパニアに帰ろうとしていることや同志たちのいることも告げ、一刻も早く判決を下してもらうよう頼んだ。審問官はこれに対し、告訴が行われたことは事実であるが、別段取り上げるほどの問題ではない、と答えた。しかし、ただ『霊操』の原稿だけは見たいと言った。やがて原稿に目をとおして、非常にこれをほめ、その写しをもらいたいと頼むので、言われるとおりにした。それでもなお、彼は、審問官に裁判を進行させ、判決を下してくれるよう要請した。ところが、審問官が判決を下したがらないので、巡礼者は、公証人一人とある証人たちを連れて彼の家に行き、事件全体の記録の証明書を作成してもらった。[20]

注

（1）イグナチオがイネス・パスクヮルに宛てた手紙では一五二八年二月二日にパリに着いたとしてある。

（2）モンテーギュ学院は、セーヌ河の左岸にあり、十四世紀半ばにルアンの大司教ジル・エスラン・ド・モンテーギュが設立したもので、十六世紀末にはジャン・スタンドンクの尽力によって隆盛だった。この学校でイグナチオは一五二八年〜一五二九年までの期間を再びラテン文法の修得にあてた。

（3）イグナチオは、バルセローナで始め、アルカラで続けた勉強を、もう一度、全部最初からやり直した。一五二九年の十月までは、ラテン文法を繰り返し学ぶ。彼の時間割は次のようであった。午前中、四時〜六時＝起床、授業。六時＝ミサ。八時〜十時＝授業。十時〜十一時＝討論。十一時＝昼食。十二時＝討論。午後、三時〜五時＝授業。五時＝晩課。五時〜六時＝討論。六時＝夕食、討論。七時半＝終課。八時＝就寝。当時イグナチオは三十七歳。このような日程に従い、その年齢で少年たちとともに勉強し、すべての授業とその演習に出席し、ラテン著作家の文章などを子どもたちと同じように暗記するなど、まったく英雄的なイグナチオの生活が推察できる。

（4）イノセンテスと呼ばれている教会とその墓の向こう側の意味である。聖ヤコボ（サン・ジャック）慈善院は十四世紀にサンティアーゴ・デ・コンポステーラの巡礼者たちによって設立せられたもので、セーヌ河の右岸、現在のサン・ドニ街に面している。この慈善院からモンテーギュ学院へ行くため、イグナチオはセーヌ川を渡り、さらに長い道を歩かなければならなかったし、そのうえイグナチオが述べている理由から、いくつかの講義にはどうしてもあずかることができなかった。

（5）フランデスはフランドルのことで、今のオランダ、ベルギーの南部海岸地方をいう。イグナチオは一五二九年、三〇年、三一年の三年間毎年ブランドルへ行ったが、最初の一五二九年には四句節にフランドルに行き、ブリュージュで著名な人文主義者ルイス・ホアン・ビベスと会った。後の二年間は八月から九月にかけて旅行した。

（6）一五二九年の五月から六月にかけてであったに相違ない。同年七、八月がおそらく絶頂と目されている。ペドロ・デ・ペラルタはトレド司教区の出身で後に司教補佐となり説教者として有名であった。イエズス会とイグナチオに対し、最後まで深い信頼をもち、イグナチオの聖性を証拠づけている。アマドル・デ・エルドゥアジェンはパンプローナ司教区の出身でここに奉職し、聖バルバラ学院に学んだが、ここの学長ディエゴ・デ・ゴベアはアマドルの急激な変化に憤慨した。

（7）本文で、イグナチオの述べているところでは、ただ単に罰するというおどかしのようでもあるが、他の記録によると、ゴベア学監は一五二九年の十月に新学期が始まったら罰を加えようとしていたらしい。彼が罰すると宣告したのは同年八、九月のことでイグナチオが哲学を始める前であった。結局ゴベア学監は罰することなく同年十一月にポルトガル国王からの依頼のためパリを旅立った。この罰は、公衆の面前でその被罰学生を全教師が交替でむち打つのである。この処罰を見せるため、全学生が一つの部屋に集められた。「部屋を与える」という罰の名称の起源である。

（8）73参照。イグナチオのルアン行きは一五二九年八、九月のことである。

（9）スペイン語の原文はここまでで、これ以後はイタリア語になっている。スペイン語の口述筆記者が見つからなかったので、カマラ師は、やむなくイタリア語で書かざるを得なかったのであろう。

（10）アルジャントゥイユにはキリストが着ていたといわれる縫い目のない着物が保管されている。

（11）自分をだました友人が病床にあるのを助けようとしてイグナチオが行った苦行は、実に並たいていのことではなかった。自分の生活費すべてをそのために費やしている。三日間の旅行中、一日に五十キロ、しかも裸足で歩いていったのである。そのうえ、この三日間は飲まず食わずでいた。

（12）ドニャ・レオノーラ・デ・マスカレーニャス（一五〇三～一五八四）――ポルトカルの貴族で、王女イサベルがスペイン皇帝カルロス五世と結婚する際に付き添いとしてスペインにやってきた。皇太子フェリーペの家庭教師でもあった。イエズス会の後援者で、イグナチオも、彼女に数通の手紙をしたためている。

（13）哲学課程は十月一日の聖レミジオの祝日を期して開始されるが、イグナチオも一五二九年にこの課程を修めようとしたので、十月一日以前に宗教裁判の件が片づくよう裁判所へ出向いたのである。

(14) ペトロ・ファーブル——フランスのサボア県出身でピエール・ルフェーブルのこと。イエズス会創立者の一人で、イグナチオの最初の同志である。ひたすら、自分の使命を遂行することに清い生涯をささげ、たびたび使節団に加えられてヨーロッパ各国を歴訪し、霊操の指導がきわめて上手であった。一五四六年トリエント公会議に赴く途中客死した。一八七二年九月五日列福、二〇一三年十二月十七日、列聖された。フランシスコ・ザビエルは一五二六年から聖バルバラ学院でファーブルと同室に寄宿した。一五三〇年の三月十五日、ザビエルは哲学の学位を取得し、同年十月に同大学で哲学の講義を始めた。イグナチオは、ザビエルを同志にしたかったので、まず彼の意を得るため、彼の講義に出席する学生を集めるのに協力する。当時のあの大学の規則で、該当学生の五分の一の学生数が集まらない授業は中止されたからである。ザビエルは一五三〇年から一五三四年まで教えた。この期間に、イグナチオは、「人は、たとえ全世界を手に入れても、自分の命を失ったら、何の得があろうか」(マタイ16・26)という有名な福音書のことばによって、ザビエルを同志に得ることに成功した。一五三四年の夏になるまでザビエルは霊操をしていない。霊操をした少し後で、「イグナチオから受けた恩は、一生涯かかっても報いることができないだろう」

とザビエルは兄に書き送っている。後日、ザビエルは東洋の使徒となり、最後に、中国へ入ろうとしていたが、一五五二年の十二月二日に帰天した。一六一九年十月二十五日に列福され、一六二二年三月十二日、イグナチオとともに列聖された。

(15)「石を拾う」試験 Examen lapideum ということがどういうことを意味するのかはっきりしないが、最も有力な説を二、三紹介しておく。⑴学士の資格を得るための試験のとき、志願者は石の上に座らされてそれを受けたから。⑵学士の資格試験が非常に難しく、まるで大きな石を持ち上げるようなものだから。⑶学士の資格を得るための費用が高かったので、大石を起こすように不愉快だったから。

(16)イグナチオがパリで学業に励んだ期間は次のようであった。ラテン文法と一般教養——一五二八年二月～一五二九年四旬節まで。哲学——一五二九～一五三二年まで。一五三二年十月～一五三三年の復活祭まで文学士の資格を得るため文学実習に専念する。一五三三年～一五三五年四月まで神学を専攻する。一五三五年の初め学長ジャカードのとき、哲学修士の称号を獲得した。神学部では〝一年半勉強した〟ということを証明された。この神学を〝一年半勉強した〟というのは、当時、大学で神学の資格を得たということを表すために適用された書式である。もちろん、この書式はすべての学生に適用された。

(17)これはモンマルトルでの誓願の要約である。イグナチオが一五三四年八月十五日にイエズス会創立当初の六人の同志とともに行ったものである。六人の同志とは、ペトロ・ファーブル、フランシスコ・ザビエル、アルフォンソ・ボバディーリャ、ディエゴ・ライネス、アルフォンソ・サルメロン、シモン・ロドリーゲスである。次いで翌年の同日誓約を更新するにあたって、さらに、クロード・ル・ジェ、ジャン・コデュール、パスシャーズ・ブロエの三人のフランス人の同志が加わった。皆すぐれた有徳の士ばかりであるが、中でもすでに述べたファーブルとザビエルのほかにアルフォンソ・サルメロンおよびディエゴ・ライネスはトリエント公会議において著名な神学者として活躍した。またパスシャーズ・ブロエはイエズス会の要職につき最初のイタリア管区長であった。

(18) すなわち一月二十五日。

(19) 実際には、イグナチオの同志たちは一五三六年十一月十五日にパリを出発した。

(20) この書類は、イグナチオが審問官に与えた『霊操』の写しと同様現存しない。

九　章

87　故郷に向かう。

88〜89　慈善院に泊めてもらう。アスペイチアで人々の救霊のために働く。

90　パンプローナ、アルマサン、シグエンサ、トレド、バレンシアを歴訪する。

91　ジェノバに向けて出発し、暴風雨にあったが無事到着。幾多の困難の後、ボロニアに着きそこからベネチアに向かう。

87

こうしてこの事件が片づくと、巡礼者は、同志たちが彼のために買ってくれた小馬にまたがり、一人で故郷に向かった。途中で体の具合が目に見えてよくなった。ギプスコア地方[1]に着くと公道を通らず、人気の少ない山道を進んだ。その道を少し行ったとき、二人の武装した男が、彼のほうに向かってやってきた。この道は人殺しが出没するという、評判のよくない場所だった。この二人が、彼を少しやり過ごしてから再び向きを変えて大急ぎで彼の後を追ってきたので、少し恐怖を覚えたが、彼らに話しかけたところ、自分の兄[2]の召し使いたちとわかった。兄が二人に彼を捜すように言いつけたのであった。それは、彼がフランスのバヨンヌを通ったとき人に見られ、そこから故郷へ向かったという知らせを兄が受け取ったためらしかった。

やがて、二人の召し使いを先に帰らせ、少し遅れて同じ道を故郷の町へ向かった。故郷の町に着く少し前、先の二人が迎えに出て、どうか兄の家に帰ってくれるようにと懸命になって懇願したが、彼を説得することはできなかった。こうして、彼は町の慈善院[3]へたどり着き、その後、折をみてはその地方を回って施しを求めた。

88　この慈善院にいる間に、彼を訪ねてきた多くの人たちと神のことについて話したが、神の恵みによって、かなりの実りを結ぶことができた。故郷に到着すると、すぐに、毎日子どもたちに公教要理（カトリック教会の教え）を教えようと決心した。兄は、誰も来ないだろうと言って、まっこうからこれに反対した。巡礼者は、一人でも十分であると答えた。しかし、ひとたび彼が公教要理の話を始めると、いつもたくさんの人たちが彼の話を聞きに来た。その中には兄もいた。そのほか日曜日と祝日には、何キロも離れたところから聞きに集まった人に説教を行った。会衆はその説教から大きな霊的利益を受けた。また、彼は、この地方の悪い習慣をやめさせるよう努めたが、神の助けで、ある程度まで成功することができた。たとえば、賭博に関しては係の役人を説得し、その行為を禁止させた。この地方にはもう一つ次のような悪い風習があった。ここの若い娘たちは頭に何も被らずに歩き、結婚すると頭をおおった。しかし多数の女性は、聖職者やそのほかの男の妾であるにもかかわらず、正妻でもあるかのようにその男たちに忠実であった。しかもこういったことが非常に一般化していて、妾たちは、自分がだれそれのために頭に被り物をしているのだなどと恥ずかしげもなく平気で言い、皆からその男の妾として知られているほどだった。

89 この風習から多くの悪が生じていた。そこで巡礼者は、知事に法律を設けさせ、正規に結婚した婦人でない者が頭に被り物をした場合は、これを処罰するよう説得した。こうして、この悪習が根絶された。このほか、彼は貧困者たちのために、公の救済機関を設けさせ、また、ローマでいわれているごとく、人々が朝、昼、晩、祈りをささげるようにお告げの鐘を日に三度鳴らすことにさせた(4)。

最初のうちは、体の調子がよかったが、後になって重い病気になった。しかし、それも再び回復したので、同志たちから依頼された件を処理するため、お金を持たずに出発しようと決心した。そのことを知った兄は、弟が徒歩で旅することを恥と思い、非常に立腹した。それで巡礼者はやむを得ずその日の夕方、兄や親せきの者たちと一緒に県境まで馬で行くことにした。

90 県境を過ぎると、馬からおりてすべての贈り物をことわり、パンプローナへの道を行き、そこからライネス神父の故郷であるアルマサンに向かった。次に、シグエンサを経てトレドに行き、トレドからバレンシアへ行った。[5] 同志たちの故郷では、皆が懇願してたくさんの贈り物をとらせようとしたが、何も受け取ろうとはしなかった。バレンシアでは、カルトゥジオ会に入会したカストロ[6]と語り合った。彼がジェノバに向け乗船しようとすると、バレンシアの友だちは、きっとバルバロッサ[7]が多くの軍船を率いて海上で待ち受けているから乗らないようにと頼んだ。その人たちが口をすっぱくして、恐怖をいだかせるようなことを言っても、彼はまったく動揺しなかった。

91 やがて彼は大きな船に乗ったが、またもや嵐にあった。この嵐については、すでに三回死にかかったと前に述べたときに指摘して[8]おいた。ジェノバに着くと、すぐボロニアへと向かったが、途中いろいろな苦しみを味わった。特に、道に迷って川岸に沿って歩いていったときはつらかった。その川は深くて、道は水面から高く、行けば行くほど狭くなり、ついには前へ進むことも引き返すこともできなくなってしまったのである。そこで、とうとう四つんばいになってかなりの距離を進んだが、身動きするたびに川にころげ落ちるのではないかと思われ、大変恐ろしく感じた。今までにこれほどひどい骨折りや苦労を味わったことはなかったが、ともかく、やっとの思いでその窮地を脱することができた。また、ボロニアに入るときに木の小橋を渡ったが、そこから川に落ちてしまった。全身びしょぬれ、どろまみれで立ち上がると、行きあった人たちは皆その格好を見て吹き出した。ボロニアに着くと施しを求めたが、町中歩き回っても、一文も得られなかった。[9] ボロニアでしばらく病気をし、それから、またいつもと同様にベネチアに行った。

注

（1）バスコのギプスコア地方。

（2）マルチン・ガルシア・デ・ロヨラ――イグナチオの兄でロヨラ家の当主。

（3）マグダレーナという名前の慈善院。

（4）故郷のアスペイチア市民宛ての手紙の中で一五四〇年八、九月にしたためた。〝大罪を犯せし者をゆるしたもうよう神に祈るため鐘を鳴らすこと。貧者はすべて援助せられ、物乞いするほどの困窮者を無くされたし。トランプによる賭博ないしトランプを売買することを禁止せられたし。正しい結婚をせずに罪の生活を送っている女が、正しい結婚をした婦人のようにベールを被るという悪習を根絶せられたし〟

（5）トレドではアルフォンソ・サルメロンの親せきとパリの大学時代の旧友ペドロ・デ・ペラルタ博士を訪れたに違いない（77参照）。この旅の途中マドリードにも滞在したが、ただ旧友アルテアに会いたいという気持ちからだったことは確かである。このころ、アルテアは城塞守備隊長ドン・ホアン・デ・スーニガの息子ルイス・デ・レケセンスの教師をしていた。マドリード滞在中、イグナチオは当時八歳の王子であったフェリーペ二世に謁見したたが、フェリーペは五十年後イグナチオの肖像画を見て非常になつかしんだとのことである。これは前々よりイグナチオを知り称賛していたレオノーラ・デ・マスカレーニャス夫人が皇太子の教師を務めていたからでもある。

（6）78参照。

（7）カイレッディーン――有名な海賊でソリマン二世の艦隊司令官。

（8）その船はおそらくバレンシアから直接ジェノバへとは行かずバルセローナに寄港したと思われる。33参照。

（9）ボロニアまで苦しい旅を続けたあげく、当市に着いても少しの施しももらわなかったが、当市のスペイン人の学校でやっと旅の疲れを癒すことができた。ボロニアでは神学の研究を再び始めたが、そこの気候が体に悪かったので同志たちを待つためベネチアに赴き、ここで一五三六年の初めから一五三七年の四旬節までに神学の勉強を修了した。

十章

92 ベネチアで霊操を授ける。

93 迫害を受けたが、結局、彼の潔白が認められる。パリから来た同志たちと合流する。数カ月待ったのち、パレスチナ巡礼の許可を得るためにローマに赴く。ローマからの帰途、まだ司祭でなかった者が叙階される。

94〜95 乗船の機会を待つ間、ベネチア地方の二、三の都市に分散した。イグナチオはバッサーノで病気になったシモン・ロドリゲスを見舞う。

96〜97 同志は皆、イタリアの種々の新たな都市に分散する。ローマに赴く。その途中、イグナチオは有名な示現を受ける。

92 ベネチアにいる間、霊操を授けたり、そのほか霊的談話をしたりした。彼から霊操を受けたおもな人々は、ピエトロ・コンタリーニ[1]とガスパル・デ・ドクティス[2]の両修士、それにローサスというイスパニア人で、いずれもすぐれた人たちであった。また、ベネチアには、イスパニア人の学士オセス[3]と称する人がいて、その人は巡礼者と、またチェッテの司教と親交があった。このオセスという人は、霊操を行いたい気持ちはあったが、それを実行に移そうとしなかった。しかし、ついに霊操を始めようと決心し、三、四日経って後、巡礼者に心を打ち明け、ある人たちがうわさしているように、巡礼者が霊操の中で誤った説をとなえているのではないかと心配していると言った。そのため、もしや、巡礼者がだまそうとする場合の用意にと、数冊の本を持って来ていた。ところが、この人は霊操のおかげで霊的に著しく進歩し、ついに、巡礼者と同じ生き方をしようと決心した。この人はまた、同志のうち最も早く死んだ人でもある。

93　ベネチアでは、別の迫害が彼にふりかかった。イスパニアでもパリでも、彼の肖像画が焼き捨てられたなどと言いふらす人が多かったからである。迫害はつのるばかりで、ついに告訴までされたが、巡礼者に有利な判決が下された。
九人の同志たちは一五三七年の初めにベネチアに来た。ここで各自分担し、いくつかの慈善院で奉仕することにした。それから二、三カ月後、彼らはエルサレムへ行くための教皇の祝福を受けようと全員ローマへのぼった。しかし、巡礼者だけは、オルティス博士と、新たに枢機卿に上げられたペトロ・カラファ（テアティノ）に気がねして一緒に行かなかった(4)。

同志たちはエルサレム旅行のための施し二、三百エスクード（約五百から七百万円）の小切手を携えてローマから戻ってきた。彼らは小切手以外では受け取ろうとしなかったのである。これは後に、エルサレムに行けなくなった際、施し主に返した。同志たちは、いつも別の国籍の人と一緒にいるよう、三人ずつの組に分かれて、行きと同じく徒歩で物乞いをしながらベネチアへ帰ってきた。ベネチアでは、当時ベネチアの聖座使節で、後に枢機卿となったベラロから認可を得、また司祭叙階を受けていなかった者は叙階された。彼らは、貞潔と清貧の誓願を立てて、清貧の名のもとに叙階された。(5)

94　この年、ベネチアとトルコとの間に紛争が起こったため、近東に向かう船は出なかった。同志たちはエルサレムへ渡れる見込みがなくなってきたのを予測し、先に誓ったように、一年間待つつもりでベネチア近郊に分散した。もし一年たっても便船がなければ、ローマへ行くことに決めた。

ファーブルとライネスが巡礼者とともにビチェンツァに行くことになった。そこでは戸も窓もない野中の一軒家を見つけ、この中に携えてきたわずかばかりのわらを敷いて寝た。(6) 毎日、彼らのうちの二人が、日に二度、町に出て施しを求めて歩いたが、生きていくのが難しいほど少ししか得られなかった。自分たちの食事は、お湯で煮たパンしかなかったが、それをこしらえるのは家に残った者の役目であった。(7) もちろんそれは、もしその日、パンをもらったとしたらのことである。このようにして、祈りだけに専念して四十日を過ごした。

95 四十日たったとき、ジャン・コデュール修士が到着した。それで四人の者は説教をすることに決め、別々の広場で同じ日の同じ時刻に説教をし始めた。説教の前に、大声で叫びながら、人々を帽子で招き寄せた。このような説教は町中に大きな反響を呼び、多数の人々に信仰心を起こさせ、また、説教者たちも今までよりも豊富に必要な物を得ることができた。

巡礼者はパリにいたときとは違って、ビチェンツァにいる間には、多くの霊的示現を見、多くの慰めが与えられ、むしろ、その間、慰めを感じるのが普通のことのようになった。特にベネチアで司祭になる準備を始めたとき、また、初ミサをささげる前の準備のときも、そしてそのとき行ったすべての旅行を通じて、マンレーサにいたころ受けたと同じように大きな超自然的恵みを体験した。また、ビチェンツァにいたとき、バッサーノにいる一人の同志[8]が瀕死の重態に陥っていることがわかった。そのとき、彼自身も病気で熱を出していたが、それにもかかわらず出かけ、同行したファーブルさえついていけないほど、速く歩いていった。この途中でファーブルにも語ったことであるが、その同志がこの病気では死なないという確信を彼は神から与えられていたのである。バッサーノに着くと、その病人は非常に慰められ、間もなく全快した。やがて皆、ビチェンツァに帰り、十人ともそこに泊まり、何人かがあたりの村々へ施しを求めに行った。

96 さてその年も過ぎたが[9]、エルサレムへ渡航の機会は依然としてなかった。それで皆はローマに行くことに決めた。巡礼者は今度は一緒に行くことにした。というのは、この前、同志がローマへ行ったとき、イグナチオが危ぶんでいた例の二人の人が、非常な好意を示したからである。

三つか、四つの組に分かれてローマへ出発した。巡礼者はファーブルとライネスと一緒だった。[10]その途中非常に多くの神の恵みを受けた。彼は、司祭になって後、聖母が彼を御子と一緒に置いてくださるよう祈りつつ、準備のつもりで一年間、初ミサを延ばす決心をしていた。[11]

ラ・ストルタ小聖堂。ベネチアからローマに向かう途中、カッシア街道沿いにある聖堂。この聖堂で祈っていたとき、不思議なビジョンを見た。

ある日、ローマへ着く前、数キロ離れたある教会で祈っていると、[12]心の中に深い感動を覚え、同時に父なる神が自分を御子キリストと一緒に置いてくださるのを見た。実際、父なる神がそのとき、彼を御子と一緒に置かれたことは疑う余地のないほど明らかであった。[13]

〔巡礼者がこのことをわたくしに語ったとき、これらすべてを筆記していたわたくしは、次のように彼に言った。すなわち、ライネスがこの出来事について詳しく、もっと細かい点まで加えて語っているのを聞いたことがある、と。これに対して巡礼者は、自分は個々の点まであまりよく覚えていないが、しかし、ライネスの言うことはすべて真実である、自分はそれを述べるときには事実しか述べなかったことは確かであると言った。他のいろいろな事件について同じような注意を述べた」

ラ・ストルタ小聖堂内部。父なる神がイグナチオを御子キリストと一緒に置いてくださるというイグナチオの神秘体験を描いている。

97 ローマに到着すると、すぐ巡礼者は同志たちに向かって、「窓は皆閉ざされている」と言った。彼はその表現によって、ローマで多くの反対を受けねばならぬことを言おうとしたのだった。またこうも言った。「わたくしたちは、自重し、婦人との談話は聡明な婦人とでないかぎり差し控えるほうがよい」と。ところで、のちほどフランシスコ修士は、ある婦人の告解を聴き、そしてときどき霊的談話のため訪問したが、その彼女が妊娠するということが起こった。しかし、主の計らいで、幸いにも間違いを犯した男が見つかった。これと同じようなことは、ジャン・コデュールが霊的指導していた女の人の場合にも起こった。このときにも、その女の人がある男と関係のあることが明らかとなった。

注

(1) ペトロ・コンタリーニ――ベネチアの貴族出身の聖職者で不治病患者の病院の会計であった。後にローマでイエズス会を全面的に援助したガスバル・コンタリーニ大司教とは違う家系に属していた。

(2) ガスパル・デ・ドクティスは当時ベネチアの教皇使節の代理を務めていた。一五五一年ロレットの知事となり、そこで一五五六年イエズス会の誓願を立てたが、俗服を着たままで聖堂を管理した。

（3）ディエゴ・デ・オセス修士――マラガ出身で、イグナチオやその同志たちがイタリアに着くと、最初にイグナチオの同志に加わった。一五三八年パドアでジャン・コデュール神父と一緒に説教中、死去した。彼が死んだときイグナチオはモンテ・カシーノにいたが、天国にのぼった彼の魂を見たそうである。

（4）オルティス博士はパリでホアン・カストロとペトロ・ペラルタ（77参照）の生活態度の急激な変化のためイグナチオに対して憤慨した。一五三六年十二月二十二日に枢機卿となり、後、教皇パウロ四世となったジャン・ピエトロ・カラッファとイグナチオとは、二人の間にベネチアで起こったはっきりしない突発事件以来、友好関係はなかった。

（5）叙階されたのは一五三七年六月二十四日のことである。

（6）サン・ペドロ・イン・ビバロロ（ビバロロの聖ペトロ）という修道院のこと。

（7）リバデネイラの『イグナチオの生涯』では、家に残って、他の者がもらってきたパンを煮たのは、いつもイグナチオ自身であったと伝えている。あのころ、神から与えられた涙の賜物によってひどく泣きはらした彼の両眼は、太陽の光に耐えられなかったのも家に残った一つの理由であるが、キリストが公生活を開始するにあたって、四十日間の祈りと断食の生活をなさったことをイグナチオも模倣しようとしたことは明らかであろう。また、この動機に、初ミサをたてるための、よりよい準備をしたい望みも加わった。

（8）これはシモン・ロドリゲスのことである。

（9）モンマルトルでの誓いによって、その一年間エルサレム渡航のため、待機していなければならなかったということがわかる。

（10）誓約によって厳格に義務づけられていなかったとはいえ、彼らのローマ行きは数カ月延びた。ただイグナチオとファーブルおよびライネス神父の三人だけは十月末にローマへ赴いた。残りの人たちも一五三八年の復活祭（四月二十一日）直後ローマへと向かった。モンマルトルで誓ったように、教皇の意向に従うため、教皇に謁見を願った。謁見は十一月十八日から二十三日の間に実現した。

（11）実際には、イグナチオは一五三七年六月二十四日に司祭として叙階されて以来、一五三八年十二月二十五日のクリスマスの夜中に至る丸一年半、彼の最初のミサをささげるのを延期した。

（12）イグナチオはすぐ次に、有名なラ・ストルタの出現（ローマから数キロのところで体験した）を述べるが、イタリア語原文でも、これとまったく同じ表現を用いている（Io mettere col suo Figliuolo）。この表現は神秘的な含みのある、難解なものである。

（13）ローマから数キロ離れたラ・ストルタと呼ばれる教会でこの出現があった。ナダルの証しするところによれば、イグナチオが祈っていたとき、キリストは十字架をもって現れ、御父はイグナチオをキリストに仕える者となさった。そして、わたしはおまえたちとともにいると仰せられたのである。このことから、明らかに、神がイグナチオとその同志たちをイエスの伴侶としてお選びになったのだと、彼は悟った。この示現については、霊的日記（一五四四年二月二十三日）を参照。

十一章

98

巡礼者、モンテ・カシーノに赴き、オルティス博士に霊操を授ける。オセス学士の昇天を見る。フランシスコ・エストラーダがイグナチオの同志に加わる。ローマで霊操を授けることに専念する。イグナチオとその同志に対する迫害が起こる。イグナチオは教皇パウロ三世と話をするため、フラスカティに赴く。無罪の判決。ローマにおいて慈善施設が建てられ、布教事業が促進される。イグナチオの信心と異常な祈りの恵み。

99〜101

霊操とイエズス会会憲の作り方。

98 巡礼者は、オルティス博士に霊操を与えるため、[1]ローマからモンテ・カシーノへ赴き四十日の間そこに滞在したが、あるとき、オセス学士が昇天するのを見た。[2]やがてモンテ・カシーノからフランシスコ・デ・エストラーダ[3]を連れて帰った。ローマに帰ってからは、人々の霊的指導に従事し、同時に数人に別々に霊操を授けた。一人サンタ・マリア・マジョーレ教会に、もう一人はシクスト橋のたもとに住んでいた。そのときまだ皆はぶどう園[4]というところに住んでいた。

しだいにいろいろな迫害が始まった。まずミゲル[5]が邪魔し、巡礼者をあしざまに言い始めた。巡礼者は知事[6]に、前もって自分をほめたたえたミゲルの手紙を見せておいて、知事の前にその人を出頭させた。そして尋問の結果ミゲルはローマから追放された。そして、今度はムダーラとバレーラ[7]が、巡礼者と同志たちは、スペインやパリやベネチアから追放された、とふれ回って迫害し始めた。しかし最後に、二人は、知事と当時のローマ使節閣下[8]の前で、巡礼者たちの行状や教えについて何も非難することはないと言明した。そこで使節閣下はこの訴訟を取り下げるよう命じた。しかし巡礼者は、これを承諾せず、決定的判決を下すことを要求した。だが、これは、使節や知事を初め、最初彼に好意を示した人々には気に入らなかった。数カ月後ついに教皇がローマに帰ってきたので巡礼者はフラスカティで教皇に謁見し、この問題を話し、いくつかの理由を述べた。教皇はこれを引き受けられ、判決を下すよう命じた。判決[9]は巡礼者にとって有利なものであった。

ローマでは、巡礼者とその同志の努力によって求道者の授業所、サンタ・マルタの家、孤児院などの慈善布教施設がいくつか生まれた。

これ以外の出来事は、ナダル師[10]が語ってくれるだろう。

99 カマラ神父のあとがき。

一五五五年の十月二十日、以上のことを物語ってしまった後、わたくしは『霊操』と会憲をどのようにして編み出したか知りたかったので、彼に尋ねてみた。これに答えて、『霊操』は一時に書いたものではなく、霊魂の中を観察し、自分の役に立った

『霊操』イグナチオ自身の体験から編み出された「祈りの方法」を記した本。教皇によって認可され、今日にいたるまで、黙想の手引きとして使用されている。

ことで、しかも同時に、他人にも役に立つと思われるものを、そのたびに書きつけていったもので、たとえば線によって良心を糾明する方法などがそれである、と言った。[11]特に生路選定に関する章は、自分がまだ足が悪くてロヨラ城で静養していたころ、体験した霊魂の動きや考えの移り変わりから学び得たものであると言った。[12]そして、会憲については夕方話そうと言った。

この日の夕食前、彼は平生よりも潜心した面持ちでわたくしを呼び、声明を発表するような口ぶりで話をした。その主旨は、上述のことを物語ったときの自分の意図と正直な心を示すことにあった。自分は確かでないことは語らなかったと言い、また、自分はわが主に仕え始めて以来、主に対する多くの罪を犯したが、一度も大罪を承諾したことはない、むしろいつも信心に、つまり、神をすべてのうちにたやすく見いだすことに進歩してきたこと、特に今はかつてなかったほど進歩していると言った。そして、神と交わりたいと思うときにはいつでも、どんなときでも、それができ、また、現在もたくさんの示現、特に前に述べたごとく、太陽のようにキリストを見るというあの示現に会う[13]。しかもこの示現は、自分が重大なことについて相談しているとき、しばしば起こり、確信へと導いてくれた。

100 ミサをささげるときにも多くの示現を体験した。また、会憲を作成していたときにもしばしばそういうことがあった。霊魂の内に起こったことを毎日書きとめていたので、このことは容易に確認できる。そう言って、かなり部厚いノートを取り出し、その中のある部分をわたくしに読んで聞かせてくれた。その多くは示現のことで、イエズス会の会憲の一部を書いているとき、その確証として体験した示現だった。あるときは父なる神を見、あるときには聖三位の三つのペルソナを見、またあるときには、取りなしたり、確証なさったりされる聖母を見た。

特に、すでに決定したある事項に関する体験について話してくれたが、それは教会が収入をもっても差しつかえないかどうか、また、もつとしたら、イエズス会がその収入を自分のために利用していいのかどうか、という問題だった。その決定に四十日もかかったが、毎日ミサをささげ、多くの涙を流した。[14]

101 毎日ミサをたて、取り扱っていた問題点を神にささげ、それについて祈る。これがわが霊父の会憲を作成する方法であった。祈りをし、ミサをささげるときに、いつも涙を流した。

わたくしは、会憲に関するそのすべてのノートに一とおり目をとおしてみたかったので、しばらく貸してもらいたいと頼んだが、彼は承諾しなかった。

注

（1）モンテ・カシーノに保存されている古い言い伝えによると、イグナチオが一五三八年オルティス博士に霊操を授けたのは当修道院内ではなく、同修道院付属のサンタ・マリア・デル・アルバネッタという修道院であったらしい。

（2）92参照のこと。

（3）この若いスペイン人は、ジャン・ピエトロ・カラッファ枢機卿のもとを辞めさせられた後、ナポリに向かい、途中でイグナチオと出会った。やがてイエズス会に入ったが説教者として名高く数々の要職についた。

（4）キリーノ・ガルツォーニの家のこと。トゥリニタ・ディ・モンティ（山の聖三位）という教会の側近くピンチオ山の麓のぶどう園にあった。

（5）通称ナバーロとも呼ばれていたミゲル・ランディバルのことらしい。フランシスコ・ザビエルが回心したことで憤慨し、パリでイグナチオに殺意をいだく。しかし後に冷静に立ち帰り、イグナチオとその同志たちに協力するようになった。

（6）知事とはベルティノーロの被選司教ベネデット・コンベルシーニのことで一五四〇年ジェ

シの司教に転任される。一五三八年五月二十一日ローマ知事に任命された。

（7）この二人のスペイン人ともう一人の同郷人ペドロ・デ・カスティーリャこそ、一五三八年ローマでイグナチオとその同志に対して行われた迫害の主なる黒幕であった。あるとき、アグスティン・マイナルディというアウグスチヌス会の司祭の説教があった際に、その説教中にいくつかの誤りがあったので、イクナチオとその同志たちが反ばくした。ところがこれらスペイン人グループはこの説教者に味方し、イグナチオとその同志に対する論戦を煽動したが、結局イグナチオは赦免され、その誹謗者は重刑を受けることになった。イグナチオの伝記作者でこの迫害について述べていないものはないが、イグナチオも、これに関して一五三八年十二月十九日付のイサベル・ロセーに宛てた手紙の中で述べている。

（8）ローマの使節はビセンテ・カラッファ枢機卿でナポリの大司教と呼ばれていた。

（9）この判決があったのは一五三八年十一月十八日であった。

（10）ヘロニモ・ナダル神父は、マヨルカ島パルマの出身で多くのイエズス会員の中でも異彩を放つ存在であった。入会以来しばらくはイグナチオの第一級の同志ではなかったが、しかしその後、イエズス会のほかの主要人物とともに重要な役を果たすようになる。総長代理を務め補佐役、巡察使も兼ねていた。イエズス会会憲を数カ国で公布した。イエズス会では「ライネスがイグナチオの頭なら、ナダルはその心であり、ポランコは両手にたとえられる」と言われている。ポランコはイグナチオの秘書を務め、後にイエズス会第三代総長フランシスコ・デ・ボルハの死後、総長代理となった。

(11) イグナチオの『霊操』(第三〇節参照)。

(12) 7〜9参照。

(13) 29その三、四参照。

(14) イグナチオの霊的日記のうち、一五四四年二月から一五四五年二月二十七日に至る約一年一カ月の間に書かれた部分が残っている。

あとがき

いわゆる『聖イグナチオ自叙伝』の日本語訳が出版されるのは、今回で四度目である。詳しくは、参考文献をご覧いただきたい。今回の出版については、「まえがき」で日本管区の管区長レンゾ・デ・ルカ神父が述べているとおりである。

四度の日本語訳は、今回を含め、アントニオ・エバンヘリスタ神父が中心になって訳出した原稿が元になっている。その訳文はすでに四十五年を経ており、現在ではあまり使われなくなった言葉や使用に適切ではない言葉もみられる。そこで、わかりやすくするため、また、誤解を招かないために、いくつかの表現を改めている。それとともに、金銭や距離の単位が十六世紀のものなので、推定値ではあるが、現在の値ではどれくらいなのかも参考のために添えてある。

ヘロニモ・ナダル神父とゴンサルベス・ダ・カマラ神父の序文は、今までの訳本にはなかったもので、新たに訳出した。これらの序文を読むと、イグナチオの口述を書きとめることとが、その経緯を含めて、いかに大変な作業であったか、そしてこの作業が、イエズス会にとってどれほど重要なものと認識されていたかを知ることができる。訳出にあたっては、A Pilgrim's Testament-The Memoirs of St. Ignatius of Loyola (The Institute of Jesuit Sources, 1995) を参考にした。なお、注において引用されている『聖書』に関しては『新共同訳聖書』(日本聖書協会) を、『霊操』に関しては川中仁神父訳を使わせていただいた。

この出版において不備があれば、その責任はひとえに編者である私にある。何かあればご指摘いただき、誤りがあれば寛大な心でご容赦いただきたい。この作業が読者にとって意味あるものとなることを願い、聖イグナチオの回心五百年を記念するうえで、大いなる助けとなることを祈るばかりである。

二〇二一年五月二十日

イグナチオがパンプローナの戦いで負傷し、

回心の道を歩む第一歩となったことを記念する日に

李　聖一

語句解説

パンプローナの戦い　ヴァロア家のフランソワ一世が、神聖ローマ皇帝にしてスペイン国王のカール五世に対して仕掛けたイタリア戦争の局地戦。フランソワ一世は、ミラノ奪回を目指すイタリア方面とナヴァラ王国再興を期すナヴァラの残党と手を組んでピレネー方面を目指す両面作戦を展開。ピレネー方面軍とスペイン軍が最初に衝突したのが、パンプローナの戦い。イグナチオは、一五二一年五月二十日、聖霊降臨後の月曜日に負傷した。

モンセラット　バルセローナから六十キロ弱離れた標高千二百四十一メートルののこぎり状の山。モンセラットは「のこぎり山」の意。八八〇年、子どもの羊飼いたちが洞穴に何か光るものを見つけ、それが聖母子像だったことから、修道院が建てられたという伝説がある。

マンレーサ　バルセローナからモンセラットを越えて約六十五キロ離れたところに位置する小

都市。ワインの産地でもある。洞窟が多く、多くの修行者がいた。イグナチオもどこかの洞窟で修行し、種々の神秘体験をしたといわれているが、洞窟については、自叙伝ではまったく触れられていない。イグナチオが修行したとされる洞窟跡にはイエズス会研修センターがある。

エルサレム巡礼　ヨーロッパ中世において、キリスト教が拡大した国々では、エルサレム巡礼は人気があった。聖地エルサレムがイスラム教国によって支配されるようになると、巡礼の安全を確保することを名目として、十字軍が派遣されたり、騎士団が創設されたりするようになった。イグナチオの時代においても、エルサレム巡礼は流行しており、ベネチアには巡礼船を所有した旅行業者もいた。しかし、一五二二年、オスマン・トルコがロードス島を占領し、ヨハネ騎士団を壊滅させることにより、エルサレム巡礼そのものが危険となり、次第にこの巡礼は下火になっていく。イグナチオがエルサレム巡礼を志したころは、そのような状況であった。

＊エルサレム巡礼断念の歴史背景　一五二七年、オスマン・トルコ帝国艦隊がベネチア共和国支配下にあったエーゲ海、イオニア海の島々を占領した。これに対して、ベネチアは、カール五世、パウロ三世と連合して対抗する状況となった。これにより、エルサレム巡礼は不可能となった。この対立は、一五三八年九月二十八日のプレヴェザの海戦に発展し、連合艦隊は少な

い被害を被っただけだったが、実質上、敗北する。

パリ大学　中世おける大学 universitas は、学問を自由に行うための「組合」を意味した。ボローニャ大学やパリ大学、オックスブリッジ大学、サラマンカ大学などが十二〜十三世紀に設立されたヨーロッパ最古の大学である。「組合」とはいっても、ボローニャ大学は学生、パリ大学は教授の組合であった。パリ大学創設期には三つの上級学部（神学・法学・医学）の下に、自由学芸部（リベラル・アーツ）が設置されていた。なかでも神学部は、一二一一年にインノケンティウス三世の教皇勅書により「大学」として認められ、トマス・アクィナスが教えるようになると、カトリック教会の教義を確立していく上で、中心的な役割を果たすようになる。一二五七年にロベール・ド・ソルボンが貧しい神学部学生のためのソルボンヌ学院（Collège de Sorbonne）を設立。以後ソルボンヌは神学部、ひいてはパリ大学そのものの代名詞となった。以来百以上の学寮がつくられ、イグナチオが学んだモンテーギュ学院やバルバラ学院もそのひとつ。なお、モンテーギュ学院では、エラスムスやカルヴァンも学んでいる。

異端審問　カトリック教会の正統教義から逸脱した教えとそれに基づく行動を取り締まるこ

と。カトリック教会の歴史においては、その始まりから正統な教えかどうかをめぐる問題はつねにあった。もともと、キリスト教は、生き方や道徳的行動については聖書を元にして明確な教えをもっていたが、教条的な教えに関しては明確なものがなかった。聖書正典やイエス・キリストの神性、三位一体などはその代表的なものである。何が正統かをめぐって問題が起こると、公会議や教会会議が開かれ、何が正統かを明確にしていったのが、カトリック教会の歴史といっても過言ではない。中世は、きわめて偏った考え方や行動が頻発する時代でもあり、それを審問し取り締まることも盛んに行われた。その役割を担ったのがドミニコ会である。イグナチオの時代は、プロテスタントが勃興し、ヨーロッパ中に拡大する時代であった。プロテスタントはカトリック教会の伝統的教義のすべてを批判するものであり、カトリック教会の権威にあらがう政治勢力との結びつきもあり、カトリック教会も、その対応には大いに悩まされ、教会自身を刷新するとともに、正統教義が何かを明確にする必要があった。そのためにトリエント公会議が開催された。この公会議に、誕生したばかりのイエズス会から、ライネスとサルメロンが教皇特使として派遣された。

慈善院　ラテン語で hospes。もともと、病人や貧しい者を受け入れて世話をする家。巡礼者を世話する役割も担った。旅人をもてなすことは、ベネディクト会の会則にも明記され、イエス・キリストをもてなすことを意味していた。この言葉を語源として、hospital（病院）やhospitality（もてなし）という言葉が生まれた。

霊操　イグナチオ自身が、ロヨラでの回心、マンレーサでの神秘体験などをとおして、神とのかかわりを深めるために編み出した「霊の体操」の方法を示したもの。大きく四つの「週」に分けられているが、霊操をする者とその指導に当たる者に対して与えられる「総註」、「糾明の方法」、信仰生活を深める上でのさまざまな「選びに関する規則」、霊の動きについての「識別に関する規則」、「教会と考えをひとつにする規定」などが具体的に記されている。

会憲　イエズス会の行動様式を定めた基本的な法。十部からなるが、イエズス会入会の条件、修練期への受け入れから始まり、退会させる方法、勉学期に受け入れられた者の勉学の仕方、イエズス会司祭の養成、養成された会員の生活様式や行動様式、派遣の基準と方法、会の統治の方法、ふさわしい長上の資質と選び方、臨終にある会員の看取り方にいたるまで、いわば、会員の会員としての成熟のプロセスに沿って、イエズス会と会員のあり方が具体的かつ詳細に記されている。

16世紀ごろのお金を現代の価値に換算すると

金一グラム＝約六千五百円
銀一グラム＝約九十五円
ドゥカット金貨＝金三・五グラム
エスクード金貨＝金三・五グラム
エスクード銀貨＝銀二六・四グラム
商船の船長の年収＝一〇〇ドゥカット
手工業者職人の年収＝五〇ドゥカット
家賃なしで一家族の生活費＝一五～二五ドゥカット

聖イグナチオ・デ・ロヨラ年表

一四九一年　ロヨラ家十三人兄弟の末っ子として誕生。
一五二一年　五月二十日パンプローナの戦いで負傷。療養中に回心を体験する。
一五二二年　二月末エルサレムに向け、ロヨラ城を出発。
三月二十四日モンセラット修道院の聖母像前で祈り明かす。
その後、マンレーサに滞在。マンレーサ滞在中に種々の神秘体験をする。
一五二三年　二月十七日または十八日　バルセローナに向かう。
三月二十日、バルセローナを出港。二十五日、ガエタ到着。
二十九日ローマに入る。
四月十三日または十四日　ローマを出発、ベネチアに向かう。
六月二十九日　ベネチア出港。七月十四日　キプロス島到着。
八月十九日　キプロス島出港。二十三日　ヤッファ到着。

一五二四年　九月五日～十四日　エルサレム到着。聖母の墓聖堂、キリストの墓聖堂、ピラト官邸、カルワリオの丘まで十字架の道行。オリベト山、ベトファゲ、ベタニア、ベトレヘム、ゲッセマネの園、シロスの池。シオンの山、再びキリストの墓聖堂、エリコ、ヨルダン川、エルサレム。二十三日　エルサレムからラムレに移動。三十日　ヤッファ出港。キプロス到着。

一月中旬　ベネチア到着。陸路ジェノバに行き、船でバルセローナへ。

二月中旬または三月初旬　バルセローナ到着。ラテン語を学ぶ。

一五二六年　七月末　アルカラへ移動。人文学、哲学を学ぶ。異端審問を受ける。

一五二七年　七月二十日サラマンカへ移動。異端審問を受ける。九月初旬パリへ移動。

一五二八年　二月二日　パリ到着。ラテン語文法を学び直す。

一五二九年　四旬節　学費を得るため第一回フランドル旅行。七月から一五三二年まで人文教養と哲学を学ぶ。その間、一五三〇年、一五三一年それぞれ八月～九月に学費を得るためにフランドルへ赴く。

一五三三年　神学課程に進む。この間、哲学修士獲得。

一五三四年　八月十五日　モンマルトルの誓い。七人の同志とともにエルサレム巡礼を誓う。「神学を一年半学ぶ」証明書を得る。

一五三六年	十一月十五日　同志たちとともにパリを離れ、ベネチアでの再会を約束。バレンシアから、バルセローナ、ジェノバ、ボローニァを経て、ベネチアへ。ロヨラ、パンプローナ、アルマンサ、シグエンサ、トレド、バレンシアを訪問。
一五三六年〜一五三七年四旬節	ベネチアで神学の勉強を継続。
一五三七年初め	同志たちとベネチアで再会。エルサレム巡礼の一年延期を決める。四月〜五月　イグナチオを除く同志たちはローマに行き、パウロ三世に謁見し、エルサレム巡礼の許可及び司祭叙階の許可も得る。ローマ滞在中、パウロ三世の前で神学討議。教皇は、ライネスとサルメロンの学識に注目する。
一五三七年	六月二十四日　ベネチアにて司祭叙階。
一五三七年	エルサレム行きの船を待つ間、ファーブル、ライネスとともにビチェンツァへ行く。地中海の覇権をめぐる状況悪化を予測して、エルサレム巡礼を断念。十月末ファーブル、ライネスとともにローマへ行く。十一月中旬　ローマへの途上、ラ・ストルタ小聖堂でビジョンを見る。

一五三八年　四月二十三日　他の同志たちもベネチアからローマに出発。

十一月十八日〜二十三日パウロ三世に謁見し、エルサレム巡礼に代えて、教皇の派遣命令を願う。

十二月二十五日　サンタ・マリア・マジョーレ教会にて初ミサをささげる。

一五三九年　四月十五日〜六月二十四日

"deliberatio primorum patrum"(初代師父たちの討議)。一人の長上に従順の誓願を立て、修道会を設立することを決定。四月末、ブロエ、ロドリゲスをシエナに派遣。

六月二十日、ファーベル、ライネスをパルマ、ピアツェンツァに派遣。二十四日、コデュールをベルトリアに派遣。

九月三日　"Quinque Capitua"（五つの章）をパウロ三世に提示し、口頭認可を受ける。

九月末　ボバディリアをナポリ派遣。

一五三九年〜四〇年　サルメロンがサピエンツァ大学で講義。フランシスコ・ザビエルが聖ルイ教会でゆるしの秘跡を授ける。聖マルタ教会のそばに孤児のための家を設立。

一五四〇年　九月二十七日　教皇勅書"Regimine Militantis Ecclesiae"によって正式認可。

フランシスコ・ザビエルがインドに向けてポルトガルへ出発。

一五四一年　三月〜四月　総長選挙。四月八日　イグナチオを総長に選出、十九日、イグナチオが総長に就任。
一五四二年　イグナチオが道の聖母教会の主任司祭を引き受ける。
一五四三年　娼婦たちの更生施設「マルタの家」を設立。
一五四四年　二月〜四月　会憲の清貧に関する部分を起草。パウロ三世、勅書"Iniunctum nobis"で、盛式誓願会員数の制限を撤廃して、新たにイエズス会を正式認可。
一五四六年　八月一日　ペトロ・ファーブル、トリエント公会議に赴く前に病死。
「貧しい少女のための家」を設立。
一五四八年　勅書"Pastoralis officii"で『霊操』が認可。
一五四九年　ジェズ教会建設計画開始。
〜
一五五三年　会憲の起草
一五五〇年　ユリスウ三世"Exposit debitum"で第二の基本法"Formula Instituti"を認可。
一五五一年　二月二十二日　ローマ学院設立。

一五五三年　ローマ学院に神学、哲学講座を開設。八月四日、イグナチオがゴンサルベス・ダ・カマラに口述を開始。

一五五四年　九月十四日　エチオピアに派遣する会員を見送る。同年ミケランジェロがジェズ教会の設計を引き受ける（実現せず）。

一五五五年　十月二十日　ダ・カマラへの口述が終了。

一五五六年　前年に購入したパルピーナのぶどう畑で療養。
七月三十一日、教皇の祝福の言葉を待たずに死去。

一五五八年　七月二日　最初の総会議でライネスを総長に選出。

参考文献

『ロヨラのイグナチオ――その自伝と日記――』イグナチオ著　A・エバンヘリスタ　佐々木孝訳編　桂書房　一九六六年
『教会における奉仕』フーゴ・ラーナー著　岡本和子訳　イエズス会出版　一九七四年
『ロヨラの巡礼者――聖イグナチオ自叙伝――』A・エバンヘリスタ　佐々木孝共訳　中央出版社　一九八〇年
『人類の知的遺産27　イグナティウス・デ・ロヨラ』垣花秀武著　講談社　一九八四年
『街道をゆく22　南蛮のみちⅠ』司馬遼太郎著　朝日新聞社　一九八八年
『聖イグナチオ・デ・ロヨラ書簡集』イエズス会編　平凡社　一九九二年
『霊操』イグナチオ・デ・ロヨラ著　ホセ・ミゲル・バラ訳　新世社　一九九二年
『イエズス会の歴史』ウィリアム・V・バンガート著　上智大学中世思想研究所監修　原書房　二〇〇四年
『イエズス会会憲』イエズス会日本管区訳編　梶山義夫監訳　南窓社　二〇一一年
『イエズス会教育の特徴』梶山義夫監訳　イエズス会中等教育推進委員会編　ドン・ボスコ社　二〇一三年
『神の指ここにあり――聖イグナチオの生涯とイエズス会創立の物語』李聖一著　ドン・ボスコ社　二〇一六年

❖略歴

アントニオ・エバンヘリスタ Antonio Evangelista

1914年スペインのグラナダに生まれる。1930年イエズス会入会。1945年司祭叙階。1948年来日。1953年米国のウソドストック・カレソジで神学博士号を取得。上智大学神学部で霊性神学、マリア論を担当しながら各地で霊操指導を行う。1995年12月10日上石神井ロヨラハウスにて帰天。

李 聖一（り・せいいち）

1955年生まれ。1976年、イエズス会入会。1985年、司祭叙階。1986年から2015年まで、六甲学院、広島学院、栄光学園で教員として勤務。2003年から2010年まで、広島学院校長。現在、上智学院イエズス会中等教育担当理事。カトリック・イエズス会センター所長。

文中写真撮影　李 聖一

ロヨラの聖イグナチオ自叙伝

2021年6月22日　初版発行
2021年8月30日　初版2刷発行

著　者　聖イグナチオ・デ・ロヨラ

発行者　関谷義樹

発行所　ドン・ボスコ社
〒160-0004 東京都新宿区四谷1-9-7
TEL 03-3351-7041 FAX 03-3351-5430

装　幀　幅 雅臣

印刷所　株式会社平文社

ISBN978-4-88626-682-8
（乱丁・落丁はお取替えいたします）